부의 몰락!
원화의 저주, 공포의 LTD가 온다

부의 몰락!
원화의 저주, 공포의 LTD가 온다

초판 1쇄 발행 2021년 8월 10일

지은이 손대식
펴낸이 장길수
펴낸곳 지식과감성
출판등록 제2012-000081호

교정 김혜련
디자인 이은지
편집 이은지
검수 정은지, 이현
마케팅 고은빛, 정연우

주소 서울시 금천구 벚꽃로298 대륭포스트타워6차 1212호
전화 070-4651-3730~4
팩스 070-4325-7006
이메일 ksbookup@naver.com
홈페이지 www.knsbookup.com

ISBN 979-11-6552-957-4(03320)
값 28,000원

- 이 책의 판권은 지은이와 지식과감성 에 있습니다.
- 이 책 내용의 전부 또는 일부를 재사용하려면 반드시 양측의 서면 동의를 받아야 합니다.
- 잘못된 책은 구입하신 곳에서 바꾸어 드립니다.

지식과감성
홈페이지 바로가기

Omnibus Edition

부의 몰락!
원화의 저주, 공포의 LTD가 온다

《재테크 비밀수첩》
〈일본인의 눈물〉
《한국인의 눈물》 저자

손대식 지음
(前 KBS 교양전문 PD)

부제 자식들에게만 전해주는
숏텀, 롱텀
디플레이션 전쟁
Big Cycle 순환투자법이 답!

**숏텀 디플레이션과 롱텀 디플레이션은
투자법이 완전히 다르다는 사실!**

지식감정

Prologue

인간과 기업이 생로병사의 과정을 거치듯이 부(富) 또한 몰락 → 이동 → 탄생 과정을 거친다. 따라서 미리 대처하지 않으면 영원한 부는 존재할 수 없다. 노멀한 경제하에서 부의 몰락과 부의 이동, 새로운 부의 탄생은 자주 일어나는 현상이 아니다.

특히 선진국일수록 부의 이동은 잘 일어나지 않는다. 선진국이 되면 사회적 시스템이 정비되어 일확천금의 기회나 새로운 사업의 기회 등이 크게 줄어들기 때문이다.

자본주의 종주국인 미국에서는 매번 신산업에서만 새로운 부가 탄생한다고 해도 과언이 아니다. 이는 주식투자 시에는 항상 신산업에 투자하는 것이 초과이익을 얻을 기회가 많다는 뜻이다. 선진화된 사회에서 이렇게 부의 큰 변동이 생겨나는 경우는 전쟁, 금융위기, 디플레이션, 인플레이션 등이 발생할 때다.

선진국 모임인 3050클럽에 7번째로 가입한 우리나라도 이제 일본처럼 롱텀디플레이션(Long Term Deflation, 약칭 LTD)을 맞아 부의 큰 이동이 일어날 때가 도래했다.

적어도 핵심경제 활동인구(40~59세)가 줄기 시작한 2013년에 이미 디플레이션은 시작되었지만 아직 롱텀디플레이션까지는 진전되지 않았음을 본 저서에서 증거를 들어 설명한다.

2015년에 새로이 시작된 경기변동 과정에서 주식과 아파트가 대폭등을 지속한 후 어느 날 갑자기 거품 붕괴가 시작된다. 필자는 이번 거품 붕괴를 시작으로 곧바로 롱텀디플레이션으로 연결된다고 본다. 기존에 겪어왔던 숏텀디플레이션(Short Term Deflation, 약칭 STD)으로의 진입이 아님에 유의하여야 한다.

필자는 KBS에서 TV프로듀서로 30년간 일했다. 시사·교양 프로그램은 물론 쇼양 프로그램(쇼적인, 즉 재미를 가미한 교양 프로그램)과 연초의 계기 특집 프로그램들을 제작·연출하면서 각 분야 전문가들을 만나고 시류에 맞는 생각들을 정리하고 맞추는 삶을 살아왔다. 그들과 생각이 일치될 때에는 프로그램화하고 부분적인 생각의 일치는 머릿속에 정리해 두었다.

학부에서 경영학을 전공해서인지 프로그램을 제작할 시에는 늘 경영학적·경제학적 관점의 생각들을 프로그램 제작이나 기획에 연계시켰는데, 스스로도 놀라웠던 적이 많다. 경제학 원론을 비롯해서 가격론, 화폐금융론 등을 경영학과 별도로 공부해 둔 것도 큰 도움이 되었다.

개인은 일생을 살아가면서 흥망성쇠의 과정을 겪는데 국가도 마찬가지인 것 같다. 한동안 Made in U.S.A가 세상의 모든 물건이었으며, 그 후에는 Made in Japan이었다.

우리의 산업이 미천한 때 이들 나라의 소비재는 전 세계를 휩쓸었고, 이들 나라의 손톱깎이, Made in U.S.A라 쓰여진 자물통 등등의 소비재

하나를 가지기만 해도 부러워했던 시절을 살아왔다. 그러다가 이제는 한국 제품이 일본을 능가하는 제품 평가와 함께 전 세계로 팔려 나간다. 국민의 한 사람으로서 참 신나는 일이다. 이제는 Made in Korea 시대다.

하지만 누가 뭐래도 일본은 아직까지 제조업 최강국이다. 노벨상 수상자만 해도 작년 말 현재 30여 명 가까이나 된다. 주로 화학상, 물리학상 계통이니까 당연히 세계 원천기술의 최대보유국 중 하나이다. 그야말로 부러운 나라다. 그런데 그들은 근 30년 전에 시작된 디플레 하나를 해결하지 못하고 있다.

그들에게 노벨 경제학상 수상자는 없지만 전 세계 노벨상 수상자나 경제학의 구루(Guru)들이 일본 경제를 진단하고 디플레 대책을 제시하고 그에 따라 정책을 펴 왔지만 근 30년이 지나서도 아직도 디플레의 망령에서 벗어나지 못하고 있다. 여태까지의 경험으로 봐서 앞으로 벗어날 가망도 거의 없다.

우리는 물가의 지속적인 하락을 디플레이션이라고 말해 왔다. 그러나 디플레이션은 지속 기간이 단기냐 장기냐에 따라서 일본처럼 경제적 파장이 완전히 다르므로 지속기간에 따라 숏텀디플레이션(Short Term Deflation)과 롱텀디플레이션(Long Term Deflation)으로 구분해서 분류하고 대처하여야 한다.

필자는 그동안 기간에 따른 분류를 하지 않았던 디플레이션을 통상적인 불경기 기간인 5년 미만으로 나타나는 숏텀디플레이션과 일본처럼 5년 이상 지속되는 디플레이션을 롱텀디플레이션으로 분류하여 달리 명명하며 그 현상들을 나눠서 원인을 분석하고 그 퇴치 방법을 제시한다.

이 2가지의 디플레이션은 당연히 그 포착 방법도 달라야 하고 퇴치 방법도 달리해야 하며 투자 방법도 달리해야 한다. 롱텀과 숏텀, 이 2가지 디플레로 구분하여 180도 달리 투자하지 않으면 완벽한 역주행 투자가 되며 이는 쪽박에 이르는 길이 됨을 일본의 사례를 증거로 증명한다.

일본의 아파트와 주식 등은 롱텀디플레이션이 진행되면서 80~90% 정도가 폭락했다. 은행이자도 제로금리다. 이처럼 롱텀디플레이션 때에는 생존 자체가 불가능할 정도로 모든 자산은 폭락한다. 본 저서는 롱텀디플레이션 시대의 생존학을 제시하는 것이 목표다.

필자는 IMF 시절 〈힘내세요 사장님〉이라는 TV 프로그램 제작 시에 한 신지식인을 취재하여 프로그램화한 적이 있다. 초등학교 중퇴가 최종 학력인 분이다. 하지만 정부에서 선정한 신지식인이었다. 이분은 화약으로 운행하는 비행기를 연구하는 분이었다. 화약이 무엇인가? 그렇다. 바로 다이너마이트다.

우선 발상이 놀라웠다.
이분의 말에 따르면, "여러분들은 당연하다고 생각하는 세상의 모든 것들이, 나는 못 배워서 그렇겠지만, 세상의 모든 것들이 무슨 원리인지 궁금하기만 하다"고 했다.

그래서겠지만 그 신지식인은 정부에서 주어진 수상으로 떠난 그의 첫 해외여행이자 첫 비행기 탑승 기회였던 호주행 비행기 안에서 스튜어디스에게 비행기의 무게, 탑승 인원, 기름의 무게 등등을 계속 질문해 대는 바람에 마지막에는 스튜어디스가 슬슬 피하는 것을 눈치챘다고 한다.

그는 기름의 무게가 거의 다인 비행기의 항속거리를 다이너마이트를 이용해서 개선하고 싶었다고 했다. 처음 타 본 비행기 안에서 그는 비행기의 무게를 획기적으로 줄이고 사람을 더 태우기 위해 휘발유를 화약으로 대체하기로 마음먹었다고 한다. 화약의 성분을 각기 따로 보관하다가 추진력이 떨어질 즈음에 버튼 하나를 누르면 나눠 보관되던 원료가 합성되는 순간 폭발하면서 그 추진력으로 비행기가 날아가게 하는 것이다. 그럴듯하지 않은가?

웃음거리로 전락할 것 같았던 이 프로젝트는 그다음 해 KAIST의 연구 과제로 채택되었고, 이분을 실제적인 팀장으로 해서 약 4~5명의 박사가 조수 격으로 같이 일하게 되었다고 했다. 그 후의 연구 결과는 자세히 모르지만, 아직 성공하지는 못한 것 같다. 성공했다면 온 세상이 떠들썩했을 것이니까 말이다.

또 하나 더, 미국의 테슬라 최고경영자(CEO)인 일론 머스크(Elon Musk) 얘기를 해 보자! 남아공에서 태어난 머스크는 미국 펜실베이니아대학교에서 경제학과 물리학을 공부했고 스탠퍼드대학교에서 물리학 박사학위를 받았다.

여러 학문을 전공했기에 젊은 나이에도 많은 학문과 관련이 있는 다학문융합적(Interdisciplinary)인 생각을 하게 된 것으로 보인다. 일론 머스크는 발명가이면서 기업가이고 엔지니어이기도 하다. 그야말로 '괴짜 천재'다.

테슬라 전기차를 구현한 머스크의 다음 꿈은 화성을 식민지화하는 것이다. 2022년 8만 명이 화성에 살게 하겠다고 공언했다. 신개념 초고속 진공 열차 '하이퍼루프'도 개발 중이다.

일론 머스크가 설립한 우주탐사기업 스페이스X의 첫 민간 우주선인 '크루 드래건' 캡슐이 스플래시 다운 방식으로 45년 만에 처음 멕시코만의 바다로 귀환했다. 그는 발사된 우주로켓을 재활용하는 기술로 발사비용을 10분의 1 수준으로 절감해 우주 진출 장벽을 낮췄다. 우주탐사 및 여행비용이 절반 이하로 줄어들 것이다. 물론 이 사람은 우주과학자가 아니다.

필자도 경제학자가 아니다. 경제연구소나 국책연구소의 연구원도 아니다. 그러나 일본이 롱텀디플레이션을 해결하지 못하는 이유에 대해 지적 호기심이 발동되었고, 필자 입장에서는 완벽하고 독자 입장에서는 미심쩍은 몇 가지 증거를 통해 롱텀디플레이션 해법의 단초를 제시한다.

누구나 알다시피 디플레 시절에는 어떤 것에도 투자하면 안 된다는 것이 정설이었다. 디플레 기간에는 모든 것이 내리기만 하니까… 그 후 몇몇 인버스 ETF들이 나왔지만, 이는 최근의 일이다. 그동안은 모두 다 내리는 것뿐이었기 때문에 투자할 재산이 없었다.

그러나 본 저서에서는 몇몇 인버스 ETF를 제외하고도 롱텀디플레 시절에 절대적으로 유효한 투자 방법들을 제시하여 공포의 '롱텀디플레'가 오더라도 눈물을 흘리지 않고 큰돈을 벌 방법들을 제시한다.

《일본인의 눈물》에서 설명했듯이 다이아몬드 달러투자법에 따라 달러 가격이 지속적으로 서서히 오르면 아파트와 주식은 무조건 팔아야 한다. 이와 반대로 꾸준히 지속적으로 달러 가격이 내리면 아파트와 주식은 대폭등을 거듭한다. 이제 한국에도 달러 가격의 장기적 하락세로 인한 주식과 아파트의 대폭등, 즉 원화의 마지막 축제가 오고 있다. 언제까지일까?

시중에서 흔히 쓰는 큰손이라는 사람들과 세력이라는 집단은 큰돈을 움직이며 주로 개미투자자들인 고객을 위해 투자를 계속해야만 한다. 이들은 이른바 금융소비자들이 모아 준 빅머니(Big Money)를 빅사이클(Big Cycle)에 맞춰서 계속 굴려야만 한다.

이들은 큰돈을 움직여야 하므로 반드시 빅사이클을 순서대로 밟아 가게 된다. 이들이 가는 길을 따라가면서 투자하면 큰 부자가 되지만 우리는 그 사이클을 몰랐다.

한마디로 빅사이클 순환투자법이란 경기순환의 큰 흐름에 맞춰 주식, 아파트, 달러, 국채의 4대 투자자산에 순서대로 어떻게 순환 투자해야 하고, 이 자산들을 언제 사고 언제 팔아야 하는지를 명쾌하게 설명해 주는 투자이론이다.

디플레이션이 숏텀디플레이션인가 롱텀디플레이션인가에 따라 빅사이클 순환투자법은 당연히 달리 적용되어야 한다.

이 빅사이클 투자이론은 비슷한 앙드레 코스톨라니의 달걀이론의 결점을 단칼에 해결한 투자이론이다.

이미 시작된 우리 생애 마지막 주식과 아파트의 폭등을 끝으로 원화의 저주가 10~20년 이상 계속된다. 일본에 닥친 엔화의 저주처럼 한국에도 원화의 저주가 10년 이상 지속될 가능성이 훨씬 더 크다.

일본의 롱텀디플레 시절, 일본의 부동산, 주식 등은 약 90% 폭락하였다. 달러는 360엔에서 75엔까지 폭락하였다. 모든 것이 폭락하는 이런 현상들은 기존의 경제학 이론으로는 설명할 수도 해결할 수도 없다.

일본의 잃어버린 30년 동안의 이러한 달러, 주식, 아파트, 국채 등 자산가격의 변동을 미리 안다면, 우리는 일본이 지나온 30년간의 투자결과를 활용하여 선제적으로 투자하면 된다. 이것이 바로 롱텀디플레 현상을 역이용하는 위기활용 투자기법들이다.

필자는 전쟁통(1952.9.)에 태어나서 만고풍상을 다 겪고 살아왔다. 어린 시절부터 4·19, 5·16, 유신정권, 군사정권 시절, 6·29 등의 큰 변화를 가져온 사건을 겪었으며, IMF, 2008 금융위기를 비롯해 지금은 코로나-19 시대를 살아가고 있다.

그러는 동안 부동산 폭등과 폭락 시의 투자, 주식 폭등 시기와 깡통계좌 정리사태 등은 물론 달러투자, 국채투자도 근 50년간 해 왔다. 때론 성공했고 때론 깡통투자가 되었다.

그동안 배우고 직접 경험한 것과 방송을 통해서 알게 된 전문가의 간접지식을 합치고 체계화하여 투자이론으로 정립해서 자식들에게 넘겨줘야겠다는 생각을 하게 된 것이 이 책이 탄생한 계기이다.

약 50년간 경험하고 30년간 투자하면서 보니 한국에는 부동산과 주식, 달러, 국채를 동시에 이해하고 있는 투자전문가가 희소하고, 체계화된 이론이나 책도 없음을 알게 되었다.

그동안의 부동산, 주식, 국채, 달러투자에 관한 재테크 책은 주로 미국인이 쓴 책을 번역하거나 그들의 편집 방법과 전개 순서에 맞춰 풀어낸 책들뿐이었음을 알게 되었다.

이 4가지 재산의 투자요령을 같이 연관해서 설명하고 순환투자를 꼭 해야 하는 이유를 설명한 책도 없었다. 즉, 그동안의 투자 방법이 거의 모두 잘못되었음을 알게 되어 이를 수정하는 방편으로도 저서로 남겨야 한다고 생각한 것이다.

따라서 이번의 저서는 아주 중요하다.
일본의 잃어버린 30년의 해결의 단초를 제공하며, 전 세계에 찾아온 롱텀디플레이션의 해결이론과 그 해법에 관한 책이다.

아베노믹스는 이름만 다른 미국식 양적 완화이며, 무진장 돈을 풀어도 경기는 제대로 소생하지 못하고 있다. 도대체 디플레가 무엇이기에 일본은 30년 동안이나 그토록 갈망하는 인플레 경제로의 회귀를 못 하는 것인가? 또한 다가온 세계적 롱텀디플레는 무엇으로 피해 갈 수 있는가?

필자는 경제학자도 아니고 경제학을 독학으로 공부한, 경제학을 전공하지도 않은 전문투자가이다. 하지만 이런 롱텀디플레 현상들을 이용하여 투자에 대성공하는 길을 연구하여 정리하고픈 욕심이 생겼다.

적어도 내 자식들에게만이라도 제대로 된 재테크 지식을 전해 주고 떠나고 싶어서이다. 그동안 기울어진 운동장에서 부동산투자자와 주식투자, 달러, 국채투자에서 당해 왔던 개미투자자들에게도 도움이 되기를 바란다.

필자는 방송 프로듀서로 30년간을 근무하면서 많은 것을 경험하였다. 50년간 투자 경험도 쌓았다. 정년 후에는 대학원 CRO 과정을 통해 부동산과 금융에 관한 정책적이고 거시적인 관점을 보탰다.

덧붙여 한마디 더, 우리나라는 그동안 평생직장 개념이 지배적이었기에 한 분야에서 30년 이상 근무한 분들이 많다. 그러나 이분들은 자기들의 경험을 전해 주려 시도하지 않는 것 같다.

어느 분야에서 무슨 일을 했건 직장에서 정년퇴직을 하신 분들은 그 분야에서는 세계 최고의 전문가들이다. 그래서 각 분야의 빠른 발전을 위해 누구나 자기의 경험을 자식이나 후손들에게 전해 주고 떠나야 할 책무가 있다고 생각한다.

많은 전문직업은 입사시험 혹은 자격시험에 합격했어도 일정 기간의 경험을 선배들 밑에서 답습하듯 배워야 한 사람의 전문가로 태어날 수 있다.

변호사, PD, 작가, 기자, 건축사, 판검사, 의사, 수의사 등등도 다 그렇다. 그런데 이들은 30년 이상 누적된 그들의 소중한 시행착오적 경험을 글로 남기지 않고 세상을 떠난다.

그러면 그 후손들은 똑같은 시행착오를 겪어 가며, 같은 기간을 경험하고서야 또다시 제대로 된 전문가가 된다. 흘려 버린 20년, 30년의 세월이 너무나 아깝고, 게다가 주식투자, 부동산투자 등은 누가 가르쳐 주지도 않으니 시행착오적 방법으로 돈을 잃어 가면서 배우게 된다.

이 모두가 디테일을 남기지 않고 떠나는 전문가의 책임이기도 하다. 일본인들은 10년 동안 열대어를 기른 기록도 책으로 내는 기록문화를 가지고 있다. 조선왕조 500년의 빛나는 기록문화를 가졌던 우리나라가 언제부터인가 기록을 잘 남기지 않는다.

많은 경험들을 기록으로 남겨 그동안의 경험과 노력을 기록한 책들이 다음 세대로 전수되어 단기간에 습득되지 않는다면 영원히 세계 1등 국가는 될 수 없다.

필자는 48년간의 일본의 엔화 환율과 이에 따른 니케이지수, 일본의 주택 가격 변동의 상관관계를 분석하여 놀라운 사실을 확인하였으며, 이를 통해서 아무도 해결하지 못한 일본의 롱텀디플레이션과 다가온 세계적 롱텀디플레의 해결의 단초라도 제공할 수 있다고 판단하였기에 그 내용들을 이 책을 통해서 정리하는 것이다.

큰 부자는 격변기, 예를 들면 전쟁, 디플레, 금융위기 때 탄생한다. 이번 상승파동을 끝으로 재산들을 그냥 그대로 두면 귀하의 재산은 20%로 줄어들지만 제대로 대처하면 10배 이상으로 불릴 수 있는 롱텀디플레이션이 온다.

물려받은 부동산을 단순히 장기보유만 해도 부를 이루던 시절은 갔다. 이제는 디플레 지식으로 무장된 지식인들이 부자들의 부를 거저 물려받는 롱텀디플레이션 시대가 온 것이다.

30년 전의 일본을 읽고 지금의 한국에 대입해서 30년 후의 시간차 재테크를 하는 데 큰 도움이 되길 바라는 마음에서 이 글을 남긴다. 일본을

30년째 흔들고 있는 롱텀디플레이션보다도 약 2.5배의 속도로 한국의 롱텀디플레이션은 신속히 진전된다. 하지만 이제 이 저서를 통해 이 문제들을 해결할 수 있다.

일본을 30년 이상 괴롭히고 있는 롱텀디플레이션이 2023년 즈음에 한국에도 본격화된다. 따라서 이 책이 한국의 롱텀디플레이션 문제에도 해결의 단초가 된다. 일본과 한국의 롱텀디플레이션은 그 원인과 퇴치법 또한 같기 때문이다.

한 가지 독자 여러분들에 부탁드릴 일은 필자는 전문가가 아니라는 편견에서 벗어나는 일이다. 즉 오해와 편견으로 필자의 책을 믿지 않거나 필자의 분석과 롱텀디플레이션 퇴치법을 가벼이 보는 것이다.

앞서 얘기한 한 지식인의 사례처럼 필자도 경제학자나 재테크 분야의 애널리스트, 연구원 등 전문가로 일했던 사람은 아니다. 그래서 독자들에게 글의 내용을 믿게 하기 위해서 모든 내용을 FRED(Federal Reserve Economic Data)의 그래프를 통해서 일일이 증명하면서 자세히 설명하였다.

다행히도 FRED에서는 세계 각국의 주요 데이터들을 그래프로 그들의 홈페이지에서 제공하고 있다. 데이터 사용을 허락해 준 FRED에 감사드리며 필자는 각 경제데이터의 변곡점 시기들을 맞춰서 주창하는 바를 일일이 입증하였음을 첨언한다.

독자들이 그냥 보기에는 단순한 그래프들이지만 2가지 혹은 3가지의 그래프들 중 일부는 최장 48년간의 데이터들을 같은 연월에 맞춰 서로 비교한 것이다. 주로 수직점선들이 그렇게 같은 연월의 데이터를 비교한 점선이다.

보통은 10년 이상의 기간 동안 달러와 주가지수, 달러와 주택지수와의 관계, 달러와 금과 원유 등의 상관관계를 같은 연월까지 맞추어서 시기적으로 국가별로 비교한 것이라는 점이다.

그래서 같은 연월은 아니더라도 추세적으로는 결국 자산 간의 비례 관계 혹은 반비례 관계를 명확히 판단해 낼 수 있고 이를 그래프를 통해서 정확히 입증하였다.

2021.4.1.

> "부의 몰락!
> 원화의 저주, 공포의 LTD가 온다"를
> 미리 공부해야 하는 이유

제목을 "부의 몰락! 원화의 저주, 공포의 LTD가 온다"라고 하니까 다 읽기도 전에 먼저 픽 하고 웃는 사람이 있을 것이다. 지금 현재 각국 정부는 디플레가 아니라 엄청난 인플레가 온다고 생각하기 쉬울 정도로 돈을 풀어 대고 있기 때문이다.

그러나 돈을 헬기로 뿌려 대도 물가는 거의 오르지 않는다. 이는 한번 꺾이면 되돌릴 수 없을 정도로 세계 경제가 허약하다는 뜻이다.

진정한 공포의 롱텀디플레이션(Long Term Deflation)은 지금 오르고 있는 주식과 아파트가 앞으로 30~50% 더 폭등한 뒤에 터질 거품과 함께 시작되는 얘기다. 그 후는 모두 죽음이다. 즉 롱텀디플레가 본격화된다.

한국에서 대유행하는 수익성 자산에의 몰입투자와는 달리 일본인들은 30년 전부터 모든 수익성 자산에 거의 투자하지 않는다. 심지어 살 집도 여간해서 사지 않는다. 그 이유는 월세용으로 수익성 자산에 투자를 하면 매년 손해를 보기 때문이다.

1년 월세로 2천만 원을 받지만, 주택 가격이 1년에 3천만 원이 내린다면, 집을 사지 않는 게 당연하지 않은가? 이런 현상은 한두 해가 아니라 지속된다. 가지고 있을수록 손해를 보는데 누가 월세투자용 주택을 사겠는가?

일본인은 한때 국제적으로 이코노믹애니멀로 불렸을 만큼 계산에 밝았다. 그러나 1989년 일본 대붕괴부터 30년 이상 멍청한 짓만을 골라서 하다가

비로소 배운 것 중 하나가 바로 월세투자를 하면 망하더라는 사실이다.

주택 가격이 매년 내리니까 나아가서 월세용 부동산투자는 물론 이제는 거주용 집도 잘 사지 않는다. 그래도 상속으로 양가에서 주택이 강제 상속되어 가구당 주택이 1~2채가 추가로 생겨나기도 한다. 그래서 이제는 상속으로 받은 가옥분의 재산세라도 줄이려고 불도저로 가옥을 밀어 나대지로 만들고 있다.

현재 한국의 부동산시장을 보고 상속으로 아파트가 1~2채 더 생겨 월세를 받으면 좋겠다고 생각하겠지만, 국민 누구나 현재보다 1~2채를 더 보유하게 되니까 월세를 살아 줄 사람도 없다. 이것이 현재 일본 주택시장의 모습이고 곧 닥칠 한국 아파트시장의 미래이다.

또한 일본인들은 얼마 전부터 주로 해외 밸런스펀드에 가입하여 해외주식에만 투자하고 있다. 하지만 계속된 엔화 강세 때문에 이 돈마저 결국 국내로 들여오지도 못하는 유령달러(Ghost Dollar)[1]가 되었다. 증권사의 권유에 따라 해외로 나갔던 와타나베(Watanabe) 부인들은 30년 이상 죽을 맛이다.

결국 일본인들은 일본 국내에도 해외에도 돈을 투자할 곳이 없다. 일본

---
1 유령달러(ghost dollar): 금리나 세제 등으로 평상시에는 자국으로의 반입이 거의 불가능한 자금으로 국제금융시장을 떠도는 합법적인 달러

국내에서는 은행예금 이자도, 은행대출 이자도 0%대다. 국채 이자도 마이너스이고 사고 싶은 국채는 매물도 없다. 주식과 부동산은 아베노믹스 정책으로 얼마 전에 30년 전 가격을 회복했다. 30년 전 가격이다.

이익이 나는 곳이 없으니 돈을 어디에 투자하겠는가?
돈을 장롱에 넣어 두나 은행에 예금하나 결과는 같다. 아베노믹스로 돈을 헬기로 부렸어도 지속되는 엔고로 앞으로도 헤어날 길은 거의 없다.

지진 때문에 일본인들이 집을 안 산다는 허황된 주장도 있다. 그게 아니다. 돈이 남기만 한다면 지진이 아니라 지옥에서라도 집을 사게 되는 것이 바로 인간의 욕심이자 돈의 섭리이다. 돈이 안 남기에 안 사는 것이다.

누구나 살 집은 필요하겠지만, 집을 가지고 있을수록 손해이니 집도 잘 안 사는 것이다. 이코노믹애니멀(Economic Animal)이란 단어처럼 일본인은 지극히 현명한 것이다. 한국도 지금의 마지막 상승 후에는 공포의 'D'가 이렇게 나타난다.

따라서 지금의 주식시장, 아파트시장의 일시적 폭등 트렌드와 속임수에 속지 말고 거품 붕괴와 함께 신속히 탈출하여 롱텀디플레이션에 맞는 투자로 전환하여야 한다. 현재 보이는 것이 다가 아니다.

2008년 금융위기와 2020년 코로나-19 사태로 인한 달러의 엄청난 공급으로 달러 가격의 지속적인 하락과 인구 감소에서 시작되는 롱텀디플레가 전 세계에 온다!

일본의 단카이 세대는 680만, 한국의 베이비부머 세대는 720만이다. 그 영향을 총인구 대비로 분석해야 한다. 한때 한국의 10배였던 도쿄의 주택 가격은 이제 강남아파트보다 훨씬 더 싸다. 빈집은행도 생겨났다.

지속적인 환율 하락으로 인한 아파트, 주식 가격의 폭등은 정부도 아무런 규제책을 펼 수 없다는 사실. 지속적인 환율 하락은 자산시장에 무차별적으로 장기적으로 폭등세를 유발한다는 사실을 알아야 한다.

한국에도 주식이건 아파트건 우리 생애의 마지막 폭등이 찾아왔다!

일본처럼 한국도 엔화(원화)가 급등해도, 즉 달러가 급락해도 수출은 여전히 잘되며 지속되는 환율 하락으로 장기적으로 물가도 속락한다. 게다가 부동산도, 주식도 같이 폭락한다.

이것이 기존 이론과는 완전히 다른 롱텀디플레이션 현상이다. 다이아몬드 달러투자법이 전혀 먹히지 않는다. 이런 현상들은 기존의 경제학 이론으로는 설명할 수도 해결할 수도 없다.

이것이 바로 일본을 분석하여 결론 낸 롱텀디플레 현상이다. 그래서 일본을 통해 롱텀디플레 현상의 30년 후 결과를 미리 배워 그에 맞춰 투자해야 큰 부자가 된다.

1990년 이후 일본의 48년간 경제 흐름을 시계열로 분석해 보면, 지금 현재 시점에서 한국에서의 투자요령이나 베스트 투자처를 미리 알 수 있다. 여기에 맞춰 투자해야 한다.

미국 버클리대 배리 아이켄그린(Barry Eichengreen) 교수가 처음 주장했던 '안전통화의 저주'라는 단어는 금융위기 등이 발생할 때마다 국제적으로 안전통화로 대우받고 있는 엔화의 수요가 증가하는 현상을 말한다.

금융위기 등으로 인해 달러나 유로 등의 가치가 폭락함과 동시에 엔화의 가격도 추락해야 맞으나 오히려 엔화는 달러나 유로에 비해서 가치가 약간 상승하거나 하락폭이 미미한 현상을 말한다.

통화가치가 경제상황을 반영하지 못하는 일본 '엔'화의 사례에서 이 안전통화의 저주라는 단어가 비롯된 것이다. 가까이는 2008년 금융위기 시절, 유로화가 폭락하고 파운드화도 브렉시트로 폭락할 때에 엔화와 엔화 표시 국채는 오히려 올랐다.

즉 엔화는 투자자들의 다른 투자 대상이자 출구였다. 2008년 이후 엔은 무려 75엔대까지 급등했었다. 이런 현상은 잃어버린 30년, 즉 롱텀디플레이션에서 빠져나오려는 일본의 아베노믹스 정책을 하루아침에 물거품으로 만들었다.

아베노믹스란 것은 결국 엔화 가치를 떨어뜨리려는 것이다. 안전자산인 엔은 위기 시에 거의 매번 올라서 일본에는 저주에 가깝다고 볼 수 있기에 미국의 한 교수가 이렇게 표현한 것이다.

결국 엔화의 저주란 1990년대 접어들며 장기 경기침체를 겪은 일본에 국한된 얘기였다. 즉 일본이 30년 이상 경기침체를 겪고 있기에 엔화 가치는 떨어져야 옳지만, 엔화가 사람들에게 안전자산으로 인식되면서 위기 시에 엔화에 대한 수요가 늘자 엔화는 타 통화에 비해 약간 강세이거나 오히려 더 올랐기에 엔화의 저주라고 표현한 것이다.

엔화의 저주의 원인을 '엔화는 안전자산이기 때문이다'라고 말들 하지만 이것이 전부가 아니다. 왜냐하면 엔화만 안전자산이 아니고 달러, 파운드도 안전자산이기 때문이다. 일본 내의 달러 가격은 계속해서 360엔에서 75엔까지 내린 적이 있고 지금은 110엔대다.

다이아몬드 달러투자법에 따라서 달러가 내리고 엔화가 올랐으므로 주식, 아파트 가격의 대폭적인 폭등이 왔었어야 한다. 하지만 이와 반대로 아파트의 폭락과 주식의 폭락, 달러의 폭락이 함께 찾아왔다.

이처럼 롱텀디플레는 기존 디플레와는 완전히 다르다.
그래서 기존의 경제학자들도 경제연구소도 일본의 이 롱텀디플레를 30년간이나 해결하지 못했다.

디플레이션은 수입, 수요를 감소시키고 수입액을 감소시켜 당장 달러 수요를 줄이게 된다. 롱텀디플레이션은 일본의 소비재가격을 떨어뜨리며 이는 다시 수입에 따른 달러 수요를 감소시킨다. 이는 주식과 아파트에 대한 수요도 떨어뜨린다. 일본에서 이는 30년째 반복되는 경제 현상이다.

또 다른 엔화의 저주의 원인이 있다.
일본인이 엔저 시절에 해외에 투자한 돈은 3조 5천억 달러다. 해외로 투자될 당시의 환율은 360엔대부터 75엔대까지 골고루 있지만 지금 일본으로 귀국하면 평균적으로 외화 환산 손실만 50% 이상이다.

필자는 《일본인의 눈물》이란 저서에서 일본으로 귀환도 못 하고 국제 금융시장을 떠도는 이 돈을 유령달러(ghost dollar) 라고 명명한 바 있다.

이 유령달러는 세계 경제위기 등으로 엔화가 조금이라도 오르는 시기를 틈타서, 즉 외화환산손실이 조금이라도 줄어들기를 기다렸다가 일시에 많은 돈이 일본 국내로의 반입을 시도하기 때문에 엔화는 생각처럼 하락하지 않고 오히려 약간의 강세까지 띠는 것이다.

3조 5천억 달러면 일본 GDP의 약 2년치에 해당하는 엄청난 금액이다. 이제는 일본은 물론 한국도 무역흑자가 지속되는데, 소비재 수요나 달러 수요가 지속적으로 더 감소하여 엔화 강세가 실현되고 무역흑자가 지속되는 현상이 바로 불황형 흑자이다. 이는 롱텀, 즉 장기디플레이션의 또 다른 단면이다.

지금도 일본의 돈은 해외로만 향하고 있다. 그 이유는 롱텀디플레이션으로 일본 내에는 투자할 곳이 없기 때문이다.

최근 니케이지수가 약 30년 전 시세를 회복했다고 축제 분위기이지만, 이는 일시적으로 풀린 돈으로 잠시 밀려 올라가는 모래성이다. 이 모래성은 언제 무너질지 모르며 무너진다면 모래성이기에 그 충격은 가히 핵폭탄급처럼 신속히 대폭락할 것이다.

일본 국내에서는 어느 곳에 투자해도 돈이 남지 않기에 겉으로 보기에는 수익률 자체가 외국으로 나가는 것이 유리해 보이니까 외국으로 나가는 것이다. 그러나 환율 하락으로 실상은 큰 손해를 보고 있다.

문제는 일본이 아니라 우리나라다.
1990년 핵심경제활동인구가 줄기 시작한 일본은 6년 후인 1996년에는 생산활동가능인구마저 줄기 시작했다.

한국은 2013년 핵심경제활동인구가 줄기 시작했다. 그로부터 6년 뒤인 2018년에는 역시 한국의 생산활동가능인구가 줄기 시작했다. 즉 한국도 이미 디플레이션 9년 차다. 2008년 금융위기, 2020년 코로나-19로 지나치게 풀린 돈으로 인해 그 영향력이 감춰져 있을 뿐이다.

정상적인 경기순환이라면 주식과 부동산은 2021년 6월 시세보다도 앞으로 약 30~50%의 폭등세가 남아 있다. 그러나 그 후 곧 우리나라도 일본과 같은 대폭락 과정을 밟게 된다.

단지 아직은 롱텀디플레이션(Long Term Deflation)의 구체적 증거가 나타나지 않았지만 곧이어 이 증거들이 나타날 가능성이 있다. 본 저서는 이 구체적 증거를 통한 롱텀디플레이션의 포착요령과 투자요령을 안내하는 투자지침서다.

우리나라도 2021년 연말쯤, 늦으면 2023년에 세계 경기의 롱텀디플레 진입에 맞춰서 자산시장의 대폭락이 온다. 지표와 현상들이 수상해지면 즉시 롱텀디플레이션의 증거를 확인해 보고 투자방향을 반대로 해야 한다. 그래야 살아남을 수 있다.

미국은 2008년 금융위기 시에 약 4조 5천억 달러, 2020년 3월 코로나-19로 1차 9천억 달러, 2차로 1조 9천억 달러가 풀렸지만, 3차 2조 달러, 4차 2조 달러가 더 풀릴 것으로 예상된다.

FRB는 2023년까지는 금리를 인상할 계획 없다고 수차례 공언까지 한 바 있다. 그래서 경제가 정상적인 운행에서 벗어나 대세 하락할 시기는 2023년 정도까지 연장될 수 있다고 본다. 2023년은 전에 예고했던 대세 하락기인 2020년 혹은 2021년보다 약 2년 후의 시기가 된다.

2021년 연말이 롱텀디플레이션 진입 시기가 될 확률과 2023년이 롱텀디플레이션 시기가 될 확률은 각기 49:51로 추정한다. 이 확률에 맞춰 필자는 재산, 즉 아파트와 주식의 포트폴리오를 이미 재조정하였다.

지금의 자산시장의 대폭등은 달러 가격의 폭락, 즉 원화의 급등에 그 이유가 있다. 그러나 늦어도 2023년에는 거품 붕괴로 세계 경제는 대폭락한다. 2020년 3월 현재 한국의 기준금리는 0.5%, 미국은 현재 0~0.25%이다.

일본은 1980년대의 대폭등 후 주식과 부동산이 공히 약 80% 정도 폭락했었다. 한국도 이렇게 된다. 우리는 일본과 다르다고 정부와 일부 학자들은 희망사항을 섞어 말한다. 즉 한국에서는 부동산 가격 폭락이 없으며, 디플레도 없다고 말한다.

그러나 한국도 전 세계도 일본 같은 자산시장의 폭락은 피할 수 없다. 일본식 롱텀디플레이션을 한국도 피할 길이 없는 이유들을 설명하고 이에 맞는 투자 방법을 안내하는 것이 본 저서의 목표다.

자산시장의 일시적 폭등 후 이어지는 폭락 사태는 거품 붕괴로부터 출발한다. 우리나라의 원화는 국제통화가 아니지만 위기 시마다 찾아오는 일본의 엔고 현상에 빗대서 앞으로 우리나라 통화도 원화의 저주에 걸릴 수 있기에 '원화의 저주'란 단어를 제목의 일부로 쓰게 되었다.

최근 경제상황의 악화 속에서도 달러·원 환율이 내려가자 우리나라도 엔화와 같은 저주에 빠져든 것이라는 주장이 나온 바도 있다.

전문가들은 글로벌 금융시장에서 아직 원화는 안전자산이 아니라고 보기 때문에 엔화의 저주처럼 원화의 저주는 생겨나지 않는다고 말한다.

그러나 세계 제일의 제조업 경쟁력을 기반으로 튼튼한 경제와 막대한 외환 보유고 및 캐나다, 스위스 등 기축통화국과의 무제한 통화스와프 협약 등을 감안하면 향후 원화도 변동 폭이 작은 통화가 될 것으로 보이며 위기 시에는 오히려 강세를 띨 것으로 보인다.

롱텀디플레 시의 이런 현상들은 기존의 경제학 이론으로는 설명할 수도 해결할 수도 없다. 이 결과로 나타나는 것이 바로 불황형 흑자이다. 이것이 한국에서도 곧 시작될 원화의 저주이고 이는 이어서 한국인의 눈물이 된다.

아무도 이를 피할 수도 없으니 투자자들은 이를 역이용해서 투자해야 한다. 롱텀디플레 시대에는 예전처럼 부동산, 금, 원유 등 재산을 그대로 두면, 즉 장기간 보유하면 다 망한다. 재테크도 타이밍(Timing)을 맞춰야 한다.

미국의 대공황 시절, 현금의 상대적 가치는 약 15년에 걸쳐 주식에 비해 923%나 급등했다. 일본의 롱텀디플레 시절 부동산, 주식 등은 약 90% 폭락하였다.

즉 디플레이션이 찾아오면 재산을 현금화해서 보관하거나 현금보다 더 좋은 곳에 투자해야 한다. 다시 말하지만 1990년 이후 일본의 경제 흐름을 48년간 분석해 보면 미래 투자요령이나 베스트 투자처를 미리 알 수 있다.

본 저서의 목표는 디플레이션의 학문적 탐구가 아니다. 그것은 연구를 업으로 삼는 학자들이나 경제연구소 연구원들 몫이지, 우리 투자자들의 몫이 아니다.

본 저서의 목표는 숏텀디플레이션이나 롱텀디플레이션을 지나는 동안 주식과 아파트, 달러, 국채의 가격 변동을, 일본의 지나온 30년간의 롱텀디플레이션을 분석해서 미리 아는 것이다.

그다음, 독자들에게 일본의 분석결과를 이용해 싼 가격으로 단순한 부자들의 부를 넘겨받을 지식을 전달하는 것이 목표다. 결국 장기디플레이션, 즉 롱텀디플레이션 시의 투자생존학에 관한 내용들이다.

전후 약 70년 동안 지속된 인플레이션 경제하에서는 은행융자금을 활용하여 부동산 등의 실물 자산을 구입하여 장기간 보유하기만 하면 누구나 부자가 되었다. 혹은 부모에게서 물려받은 부동산으로 적당한 수익을 올리면서도 세월이 갈수록 가격은 올랐다.

독자들이 할 일은 본 저서를 통해서 디플레이션을 이용해 재테크를 하는 방법들을 구체적으로 살펴보는 것이다. 특히 월급쟁이들은 거의 다 지식인이기 때문에 이번 롱텀디플레이션 기회를 잘 활용하면 노동자에서 자본가로 변신할 수 있거나 그럴 기회를 자식들에게 물려줄 수 있다.

즉 노동자 집안에서 자본가 집안으로 변할 수 있는 기회이니 롱텀디플레이션을 미리 공부하여 대처하기를 바라는 마음에서 이 책을 내는 것이다.

수십 번 경험했지만 우리들은 미리 공부해 두고, 마음을 다잡지 않으면 같은 상황이 발생해도 대처하지 못한다.

1990년 1월 4일은 일본의 롱텀디플레이션이 출발한 날이다. 아니, 정확하게는 이보다 약 1년 전이다. 1년 전, 약 1년 동안이나 롱텀디플레이션이 이미 시작되었음을 지표로 뚜렷이 알려 주고 있었지만 아무도 이에 맞춰 투자한 사람은 없었을 것이다.

이에 맞춰 투자했다면 어떤 누구든 단기간에 재산을 수십 배로 불릴 수 있었을 것이다. 엔화의 지속적인 급등에 대비해서 즉 롱텀디플레이션에 대응해서 투자하지 않았다면 30년간 그의 주식은 약 80%, 부동산은 약 90%의 폭락을 고스란히 받아들여야 했음을 알 수 있다.

아베노믹스로 돈을 헬기로 퍼부었어도 일본인들은 아직도 그 고통에서 벗어나지 못했고, 어느 날 부자와 빈자의 자리가 바뀌어 있음을 알게 되었다. 이것이 바로 부자와 빈자의 전쟁이 아니고 무엇인가? 이것이 바로 국민 계층 간의 부의 이동인 롱텀디플레전쟁이다.

그동안 경기순환에 따른 10년마다, 거품 붕괴로 인한 숏텀디플레로 인한 자산가치의 급락이 있었다. 그동안은 붕괴 후 곧 정상화되었지만, 이번에 본격화될 롱텀디플레이션은 10~20년간 지속되는 디플레이션이다.

민주주의 국가에서 부의 이동은 전쟁, 금융위기, 정치위기, 인플레이션 혹은 디플레이션으로 국민들 간에 이동된다. 정부 입장에서는 어느 계층이 부를 가져가든 이해관계가 별로 없다.

나라 전체의 부, 즉 국부(國富)는 항상 같기 때문이다. 인플레이션이나 숏텀디플레이션 같은 완만한 부의 이동에 비해 급격하고 진정한 부의 대이동은 바로 롱텀디플레이션 시기에 나타난다.

롱텀디플레이션 시대에는 단기간에 주식과 아파트 등의 재산 가치가 50% 이상 폭락한다. 그 후 재산 가치가 90%까지 추가로 더 폭락한다. 한편 폭락하는 재산들에 비해 80% 급등하는 재산도 나타난다.

롱텀디플레 시대에는 전쟁만큼 큰 부의 대이동이 급격히 일어난다. 국민들 계층 간에 부의 대이동이 일어나며, 향후 약 70년간 부자가 되느냐 가난뱅이가 되느냐는 이 기간에 결정된다.

이번의 부의 급격한 몰락과 이동은 개인 간, 국가 간에도 벌어지므로 가히 전쟁만큼 파괴적이다. 이러한 급격한 부의 이동을 필자가 숏텀, 롱텀디플레이션 전쟁이라 부르는 것은 당연하다.

이번의 롱텀디플레이션은 전 세계에 찾아온다. 누구도 피할 수 없다. 나라마다 디플레이션의 깊이는 조금씩 다르겠지만 대동소이한 'LTD'가 전 세계에 다가온다. 이른바 사상 초유의 롱텀디플레이션 전쟁이 온다.

자식들에게만 전해주는 디플레 시대의 생존학, "부의 몰락! 원화의 저주, 공포의 LTD가 온다"를 [그림 2]를 통해서 이를 자세하게 설명한다.

우선 이 책으로 한국의 Long Term Deflation이 시작되는 시기를 정확히 포착하는 데 큰 도움이 될 것이다. 또한 30년 이상 일본을 괴롭히고 있는 롱텀디플레이션의 해결의 단초를 제공하게 될 것이다. 이는 결국 우리나라의 롱텀디플레이션을 해결할 단초도 될 것으로 믿어 의심치 않는다.

이 한 권의 책으로 롱텀디플레이션을 미리 대처한다면 가난한 자가 부자가 될 일생일대의 기회를 잡게 된다는 뜻이기도 하다. 노동자에서 자본가로의 변동도 생겨난다.

누구에게는 환희의 롱텀디플레기 되고 누구에게는 공포의 롱텀디플레가 되는 것은 미리 공부해서 대처한 경우와 대책 없이 롱텀디플레를 맞이하는 경우의 차이이다. 누구나 빅사이클(Big Cycle) 순환투자법에 따라 자금을 투자하고 회수해야 함은 물론이다.

목차

- Prologue   4
- "부의 몰락! 원화의 저주, 공포의 LTD가 온다"를
  미리 공부해야 하는 이유   20
- 일러두기   39

제1부 부의 몰락

챕터 1   디플레이션을 숏텀디플레이션과
　　　　롱텀디플레이션으로 반드시 구분해야 하는 이유   45
챕터 2   롱텀디플레이션의 원인과 그 해결의 단초   56
챕터 3   해리 덴트의 인구절벽론은 오버 인사이트다   66
챕터 4   롱텀디플레이션의 시작시기 포착법   76
챕터 5   재검증! 롱텀디플레이션 시에는, 달러와 주가,
　　　　달러와 아파트 가격은 정비례한다?
　　　　과연 싱크로율은 몇 %?   84
챕터 6   부의 몰락의 구체적 사례:
　　　　미국 대공황, 일본의 롱텀디플레 후
　　　　80~90%대 폭락한 주가와 아파트 가격   89

| 챕터 7 | 일본식 롱텀디플레이션, 누구도 피해 갈 수 없다 | 95 |
| 챕터 8 | 화폐수량설과 현대화폐이론 | 108 |

제2부 부의 이동

챕터 9	달러가 전부다!	119
챕터 10	숏텀디플레이션 시대의 투자학	129
챕터 11	롱텀디플레이션 시대의 투자학	146
챕터 12	디플레이션을 이기는 대안 투자법	156
챕터 13	1조 재산도 영원히 지킨다! 재산이분법	171

제3부 부의 탄생

챕터 14	버핏은 위기 때마다 주식을 대량구매한다	178
챕터 15	모든 것에는 타이밍이 있다	184
챕터 16	선 주식, 후 부동산	204
챕터 17	공포의 숏텀·롱텀디플레이션 전쟁	
	– 공매도와 신용은 반대의 투자기법	211

챕터 18 레버리지 10배/15배 투자법　　　　　　　　220
챕터 19 빅사이클 순환투자법　　　　　　　　　　　233
챕터 20 새로운 부의 탄생
　　　　- 다시 시작해야 할 70년간의 인플레 투자는 언제일까 248

제4부 악의 금융학

챕터 21 부를 지키려면 법인을 보유하라　　　　　　265
챕터 22 가문의 부동산을 만들어라　　　　　　　　　270
챕터 23 최고의 투자처는 농지투자　　　　　　　　　273
챕터 24 통일 시의 재테크　　　　　　　　　　　　　276
챕터 25 비트코인의 장래　　　　　　　　　　　　　281
챕터 26 폄훼와 오해　　　　　　　　　　　　　　　287

· Epilogue　　　　　　　　　　　　　　　　　　292

일러두기

첫째, 필자의 책은 옴니버스 구성(Omnibus Edition) 방식으로 편집·저술되었습니다. 이 편집 방법은 관련 정보를 한꺼번에 많이 제공할 수 있는 장점이 있습니다.

둘째, 필자도 다른 책의 독자이기에 그동안 책을 읽으면서 불편했던 점들을 개선하였습니다. 줄을 비교적 자주 바꿔 눈의 피로도와 독서 시의 답답함을 줄여 가독성(legibility)을 높였습니다.

셋째, 컴퓨터 시대에 맞춰 들여쓰기를 하지 않았습니다.

넷째, 기존 이론과는 다른 새로운 재테크 이론과 그동안 독자들이 생각하지도 못했던 내용이 많아 중요한 내용은 요소요소에 1~2회 반복 설명하여 잊지 않도록, 즉 시간이 지나더라도 기억이 잘 나도록 편저하였습니다.

마지막으로 수치와 관련된 내용들은 수시로 변경될 수 있으니 2021년 4월 1일 이후라면 고려해서 보셔야 합니다.

제 1 부

부의 몰락

인플레이션 경제하에서는 은행 빚을 활용해 부동산을 구입해서 계속 보유하거나 유산으로 받은 부동산을 지니고만 있으면 지속되는 가격 상승으로 저절로 부자가 되었다.

전후 약 70년간이나 인플레 경제가 지속되었으니 부동산이나 주식은 팔지 말아야 부자가 된다는 고정관념이 저절로 생겨나게 되었다. 이른바 토지신화의 탄생이었다.

그러나 우리가 흔히 겪어 왔던 숏텀디플레이션이 오면 모든 물건의 값이 내린다. 숏텀디플레이션 시에는 달러는 1~2년간 폭등하고 아파트, 주식, 원자재 등의 가격은 폭락한다. 인플레 시절과는 완전히 반대의 현상이 나타난다.

롱텀디플레이션 시에는 달러도 폭락하고 아파트, 주식, 원자재 등의 가격도 폭락한다. 이자율도 0%대로 수렴한다. 따라서 투자수단이 극단적으로 줄어든다.

모든 자산은 거의 다 폭락하기에 기존의 관행대로 투자하면 완벽한 역주행 투자가 된다.

숏텀이든 롱텀이든 디플레이션이 찾아오면 이 세상의 모든 물건은 가만둬도 세월이 갈수록 가격이 내려간다. 특히 부동산과 주식은 폭락을 거듭하게 된다. 결국 폭락한 만큼 부는 현금보유자에게로 이동한 것과 같다. 즉, 대응하지 않은 부자의 부는 몰락한다.

부가 저절로 몰락하는 이유는 디플레이션이 도래하면 현금 가치는 폭등하고 실물 가치는 지속적으로 폭락하기 때문이다. 인플레 시절에 가지고만 있으면 늘어났던 재산이 디플레 시절에는 보유기간이 길면 길수록 그 가치가 줄어들기 때문이다.

추정컨대 약 2032~2033년까지 전 세계에 찾아올 롱텀디플레는 해결되지 못할 것으로 보인다. 본 저서를 통해 그 이유와 구체적인 현상들을 살펴볼 기회를 갖는다.

디플레 시절에는 예전처럼 세월이 가면 부동산 등 실물을 가진 자가 부자가 되는 것이 아니라 오히려 몰락하게 된다.

이번에 찾아온 디플레는 2~3년 이내에 인플레이션으로 다시 회귀하는 일상적인 불경기에 속하는 숏텀디플레가 아니라 약 10~30년 지속되는 공포의 롱텀디플레이션이다. 따라서 10년 이상 지속되는 디플레이션에 대응 투자를 하지 않으면 누구나 몰락하게 된다!

그러나 본 저서를 통해 롱텀디플레이션 이론을 익힌 사람에게는 이 기회가 오히려 초대박 기회임을 설명한다. 똑똑한 재벌은 이미 이를 알고 있기에 알게 모르게 부동산을 처분하고 있다.

월세투자, 갭투자, 주식투자, 해외투자, 금투자는 모두 망하는 투자가 됨을 논리적으로 설명한다. 48년간 일본 엔화의 급등, 니케이지수, 일본 주택지수의 급락으로 이를 비교하고 검증한다.

본 저서는 유일하게 디플레이션을 롱텀디플레이션과 숏텀디플레이션으로 구분하며, 대처방법과 투자 방법이 달라야 함을 증거를 제시하며 설명한다.

일본의 경제상황을 보고 미리 롱텀디플레 시의 투자학을 공부하여 대처하면 월급쟁이와 가난뱅이가 10배, 심지어 100배 부자가 될 수 있다. 노동자에서 자본가로 변신할 수 있는 신분상승의 기회가 70년 만에 오는 것이다.

그러나 롱텀디플레는 준비하지 않은 자에게는 기회가 아니라 공포의 'D'가 된다. 일본의 1990년 이후를 분석하면 한국의 30년 후쯤 미래를 예측할 수 있다. 우리나라는 일본과 똑같은 롱텀디플레이션 과정을 밟고 있기 때문이다.

지금 일본의 모습을 읽고 30년의 시간차 공격이 필요한 것이다. 다우지수 그래프처럼 대공황 발생 후 약 2년 만에 미국 주식은 83.7%나 대폭락하였고, 1990년 이후 30년간 롱텀디플레를 지나는 동안 일본의 부동산과 주식은 각각 80% 이상씩 폭락하였다.

투자에 실패하지도 않았는데 롱텀디플레이션에 대처하지 못한 부자들의 부는 저절로 80% 이상 몰락하는 이유를 제1부에서 구체적으로 자세히 알아보고 롱텀디플레이션과 숏텀디플레이션으로 반드시 구분해야 하는 이유와 구별법, 대처법 등을 자세히 살펴본다.

챕터 1

디플레이션을 숏텀디플레이션과
롱텀디플레이션으로 반드시 구분해야 하는 이유

디플레이션을 숏텀디플레이션(Short Term Deflation)과 롱텀디플레이션(Long Term Deflation)으로 구분해야 하는 이유는 한마디로 디플레이션의 종류에 따라서 재테크 방법이 180도 다르기 때문이다.

두 가지 종류의 디플레에 따라서 달리 투자하지 않으면 완전 쪽박을 차게 된다. 그러하니 우선적으로 디플레를 롱텀디플레와 숏텀디플레로 정확히 구분해 내야 한다.

물가가 하락하고 경기가 침체되는 것을 디플레라고 한다. 통상적인 경기변동(Business Cycle)은 호경기, 즉 인플레 5년과 불경기, 즉 디플레 5년으로 구성된다. 이 중 실질적인 인플레나 디플레는 각기 3년 정도로 추정된다.

즉 통상의 디플레이션은 최장 5년 정도의 기간 동안 물가가 하락하고 경기가 침체되는 현상인데, 이를 숏텀디플레 아니면 그냥 디플레이션이라고 말한다.

반면 5년 이상 지속되는 디플레이션, 즉 일본처럼 30년간이나 지속되는 디플레이션도 있는데 필자는 이처럼 5년 이상 지속되는 인플레이션을 롱텀디플레이션이라고 정의하고 따로 분리하여 분석, 설명한다.

숏텀디플레이션 시의 투자 방법은 여태까지 여러분들이 투자하던 방법 그대로에다 달러투자와 국채투자의 과정을 추가한 것 외에는 별로 달라진 게 없다. 하지만 미국을 제외한 나라에서는 반드시 자산을 달러로 바꾼 후 투자하는, 즉 순환투자 과정을 거쳐야 한다는 것 자체만도 엄청나게 다른 점이다.

필자가 제시하는 순환투자법은 투자자금을 (1) 주식 → (2) 아파트 → (3) 달러 → (4) 국채의 순서대로 순환투자해야 한다는 것이다. 그래야 이익이 가장 커지므로 누구나 이 순서대로 투자자산을 순환시켜야 한다는 이론이다. 필자는 이 4단계 순환투자법을 'Big Cycle 순환투자법'이라고 명명한 바 있다.

이 투자순서를 따르지 않고 투자하는 것이 바로 역주행 투자다. 역주행하면 큰 사고가 나는 것처럼 Big Cycle 순서를 바꾸거나 역행해서 투자하면 손실 폭이 늘어 대형사고가 난다는 뜻으로 역주행 투자라고 한다.

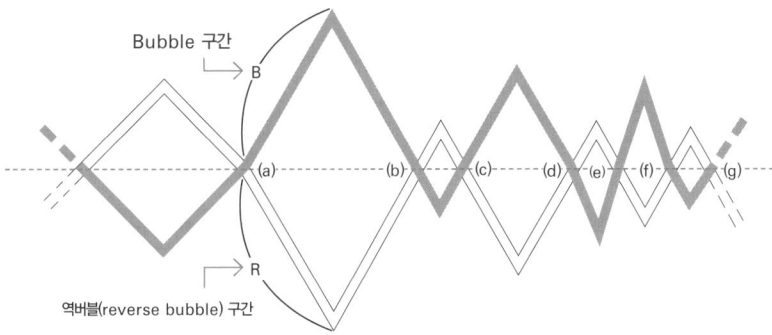

[그림 1] 숏텀디플레 시 다이아몬드 달러투자법 이해도: 버블과 역버블 과정을 통해 달러와 자산 간 균형점을 찾아가는 과정도[2]

모든 자산은 3단계에서 달러로의 순환투자 과정을 거침으로써 단기간에 약 4배의 수익을 거둘 수 있는데, 이를 다이아몬드 달러투자법이라고 한다.

숏텀디플레 시에, 즉 보통의 불경기에 국내의 부동산과 주식 등 자산시장에 투자할 때에는 위의 [그림 1]처럼 달러 가격과 자산 가격이 반비례 관계에 있으므로 반드시 다이아몬드 형태에 맞춰서 투자하고 회수해야 한다.

[그림 1]의 가운데 수평선이 달러와 자산 간(주식, 아파트, 금, 원유, 구리 등등)의 균형선인데, 금융위기 등으로 이 균형점이 무너진 후에는 버블과 역버블 과정을 통해 달러와 자산 가격의 균형점을 찾아가는 과정을 수없이 반복하면서 평상시의 달러와 자산 간의 가격으로 수렴되어 가는 것을 설명한 그림이다.

---

2   손대식, 일본인의 눈물, 지식과감성, 2018

[그림 1]의 흑색 선은 달러 그래프이고 흰색 선은 아파트, 주식, 금 등 재화 그래프이다. 첫 번째 다이아몬드 형태처럼 어떤 이유에서건 균형점이 깨지면서 달러 가격이 내리기 시작하면 아파트, 주식, 재화 등은 이에 비례해서 오른다.

그 후 일시적으로 균형점을 찾았던 달러와 재화 가격은 다시 달러가 대폭 오름에 따라 아파트나 주식, 재화 등이 반비례해서 대폭락세를 시현하고 있는 것이 두 번째 다이아몬드형이다.

이런 식으로 다이아몬드형의 과정을 되풀이하면서 달러와 재화 가격 간의 버블(B)과 역버블(R)은 결국 해소되는 과정을 거친다. 지나치게 커졌던 두 번째 다이아몬드는 세 번째 다이아몬드에서는 크기가 줄어들며 균형점을 이루고, 다음 다이아몬드에서는 또다시 다른 형태의 다이아몬드가 생성되고 지속적으로 변화되지만, 마침내 수평선에서 달러와 아파트, 주식과 재화 등은 균형점을 이뤄 가는 것을 볼 수 있다.

이렇게 버블과 역버블의 과정들을 계속해서 거치게 되면 마침내 금융위기 등이 없는 평상시의 달러 가격에 대응한 아파트, 주식과 기타 재화의 적정가격이 형성된다.

결국 모든 재화의 가격은 달러와 반비례 관계가 형성되며 그 후 달러 가격의 변동이 미미해지면 재화 가격은 달러 가격에 따른 변동은 거의 없어지고 단지 수급에 의한 변동 요인만이 남게 된다.

미국에 거주하며 달러를 일상의 화폐로 쓰는 사람들을 제외하고 이 세상의 모든 재산은 달러의 상승 혹은 하락에 맞추어서 반대로 투자하고 회수해야 함을 알 수 있다.

이 다이아몬드 달러투자법은 숏텀디플레 시 최적의 투자법이다. 만약 롱텀디플레 시에도 이 다이아몬드 달러투자법에 맞춰 투자한다면 완전히 실패한 투자결과를 얻게 된다. 따라서 이것이 모든 디플레를 숏텀디플레이션인가 혹은 롱텀디플레이션인가로 구분해야 하는 가장 큰 이유가 된다.

다음의 [그림 2]는 약 48년이라는 긴 기간 동안 일본의 엔화 환율과 이에 따른 니케이지수와 일본 부동산 가격의 변동 관계를 분석한 그래프이다.

본 저서의 어떤 수직점선의 아래나 위를 수직으로 보면 같은 해, 같은 월의 2자, 혹은 3자의 관계를 비교해 볼 수 있다. 그래서 이 그림으로 숏텀디플레 시의 투자요령과 롱텀디플레 시의 투자요령을 완벽히 익힐 수 있다.

48년은 긴 세월이므로 인플레이션 시대의 투자요령과 롱텀디플레 시대의 투자 방법을 이 한 장의 그래프로 모두 익힐 수 있다.

그럼 디플레이션 경우, 즉 평상시와 롱텀디플레이션 시의 3자 관계 그래프를 통해 자세히 살펴보자.

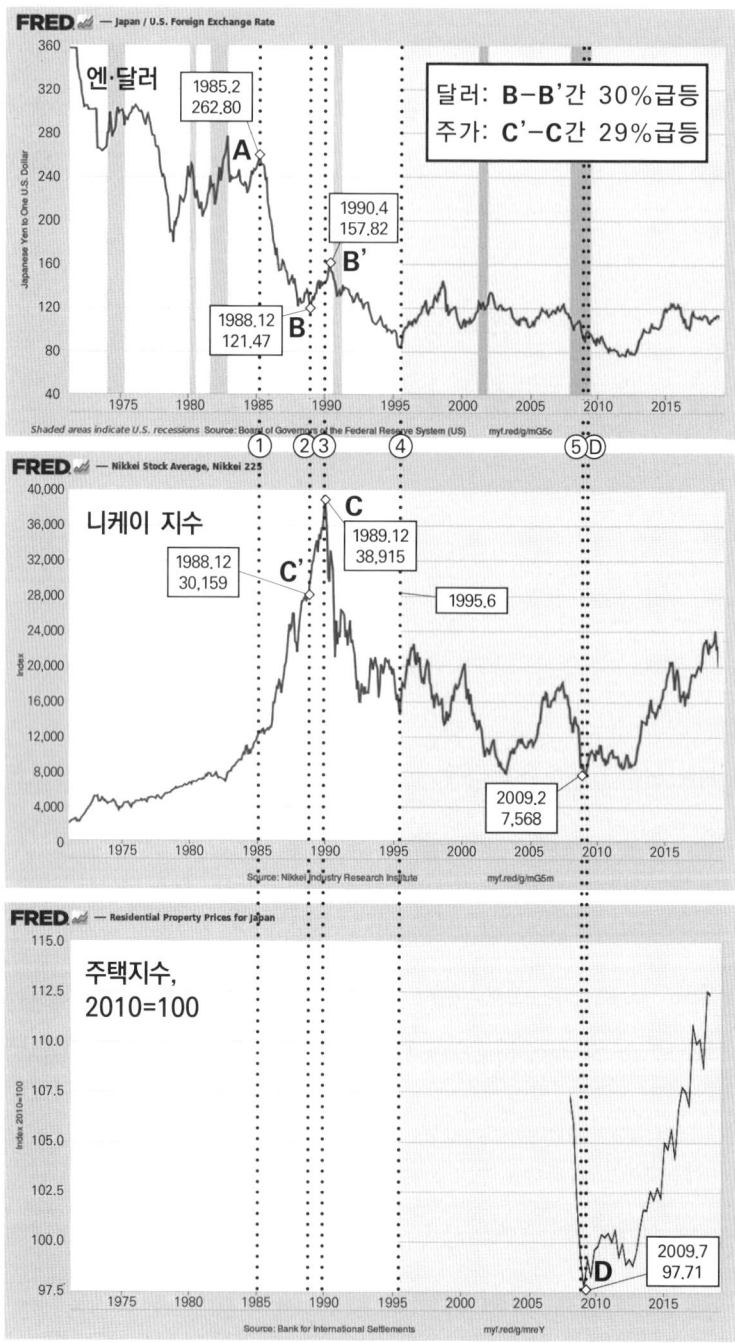

[그림 2] 48년간 엔·달러 변동에 따른 니케이지수, 일본 주택지수의 변동[3]

3   손대식, 한국인의 눈물, 지식과감성, 2019

우선 수직점선 ①을 살펴보면 1985년 2월의 엔화시세는 262.80엔이다. 즉 1달러를 사려면 262.80엔을 내야 한다. 1985년 9월에 플라자합의를 한 이후에도 엔화는 지속적으로 올라 1995년 6월에 달러는 대바닥을 시현한다.

맨 위 그래프는 엔·달러의 시세 그래프이다. 왼쪽 수직선이 엔·달러 환율이고 수평선은 연도이다.

B점인 1988년 12월까지 엔화는 지속적으로 올라 1달러당 121.47엔이 될 때까지 오른다. 무려 53.6%, 엔화의 대폭적인 절상이다. 이에 맞춰, 즉 엔화의 절상과 비례해서 니케이지수는 급등했음을 가운데 니케이지수 그래프를 통해 확인할 수 있다.

이것이 바로 다이아몬드 달러투자법에 맞춰 투자하면 투자에 성공하는 증거이다. 엔화 절상률에 맞춰 일본의 주택도 당연히 올랐겠지만 유감스럽게도 맨 밑의 주택지수 그래프를 보면 개략적으로 2010년 이후 급격히 올랐음을 알 수 있다. 다만 2010년 이전의 일본의 주택지수는 제공되지 않아 그 결과를 비교할 수 없어 아쉽다.

앞의 3가지 그래프를 통해 엔화의 움직임에 따라 주식이나 아파트 등 부동산이 매일매일 반영되며 반비례 관계로 움직일 수는 없으나 중장기적으로는 반비례 관계임을, 환율이 내리면 주식도 오르고 부동산도 오름을 알 수 있고, 당연히 그 반대의 경우도 발생함을 알 수 있다.

주식은 거의 매일매일 환율의 변동이 주가에 반영됨을 투자자들은 경험으로 알고 있다. 수직점선을 아래위로 따라서 보면 이 점선은 같은 연도, 같은 월의 지표 변화를 나타냄을 알 수 있다. FRED에서 제공하는 그래프를 같은 연도와 같은 월로 맞춰 비교하도록 만든 것이다.

다음으로 수직점선 ②, ③을 동시에 살펴봐야 한다. 수직점선 ②에 있는 B점은 엔화가 절상된 단기간의 최저점이다. B점과 수직점선 ②를 이은 선은 다이아몬드 달러투자법을 그대로 따르면 엔화가 최고치이므로 니케이지수는 최고점이거나 그 근방이어야 한다.

주택지수가 그래프에서는 제공되지 않지만 주택 가격은 당연히 최고 시세였을 것이다. 주택지수는 B점과 수직점선 ②에 있었을 것으로 추정되며 주식처럼 급등하고 있었을 것으로 추정된다.

단기 저점을 찍은 엔화는 최저점인 B점을 지나 오히려 상승하고 있고, 니케이지수도 급등하여 일본 역사상 최고점인 C점을 기록하고 있다. 이 당시 니케이지수는 38,915였고, 이때가 바로 대붕괴 직전인 1989년 12월의 일이었다.

수직점선 ②와 ③ 구간에서는 이들 지표가 정비례 관계로 변해 있다. ② 구간 이전의 기간 동안 전부 반비례 관계였음을 [그림 2]로 확인할 수 있다. 엔화가 오르면 주가는 폭등한다.

그러나 ②와 ③ 구간은 ② 이전 구간과는 다르다.

달러가 오르자 이에 맞춰 주식 가격이 올랐다. 정비례 관계로 변한 것이다. 역시 마찬가지로 맨 밑의 주택지수는 제공되지 않아 비교할 수 없으나 ⑩점 이후의 주택지수의 움직임을 보고 주식처럼 ②와 ③의 구간에서 폭등했을 것으로 추론할 수 있다.

즉, 수직점선 ②와 B선이 바로 롱텀디플레의 시발점인 것이다. 다이아몬드 달러투자법이 반대로 작동되고 있는 것이다. 역(逆)다이아몬드 달러투자법이 적용되는 구간이라고 할 수 있다.

주가지수는 급등하고 있고 엔화 가치는 급락하고 달러는 급등하고 있다. 부동산도 급등했을 것이다. 그 이후에는 엔화의 방향과 주가지수의 방향과 움직임의 형태도 거의 같아진다. 물론 주택지수도 마찬가지일 것이다.

따라서 롱텀디플레이션의 시발점을 이런 식으로 매일매일의 엔화와 주가지수의 움직임 방향을 통해서 찾아낼 수 있다.

이를 찾아냈다면 그동안 숏텀디플레이션 시에 투자했던 방법과는 완전히 다른 반대의 방법으로 투자 방법을 바꿔야 한다. 달러와 재산들은 정확히 반비례하므로 이를 응용하여 달러이분법을 창안하여 재산을 100% 지켜낼 수 있는 재산 수성법도 뒤에서 소개한다.

롱텀디플레가 포착되면 달러 예금이나 해외투자에 나서면 절대로 안 된다. 롱텀디플레 시에는 앞의 [그림 2]의 맨 위 그림처럼 달러 가격은 계속해서 내려가기 때문이다. 일본의 경우 일본 내의 달러 가격은 약 80% 이상 내려갔다.

주식투자, 부동산투자에도 나서면 절대로 안 된다. 그 이유는 역시 [그림 2]의 니케이지수와 주택지수의 그림으로 확인할 수 있다. 30년 동안 일본의 주식과 부동산, 즉 양대 자산이 약 80%씩 내렸다.

롱텀디플레이션 시의 달러 가격 인하에 따라 한국도 똑같은 현상이 나타난다. 지금의 디플레이션이 숏텀디플레이션인가 혹은 롱텀디플레이션인가를 알아내는 것은 이처럼 투자결과를 반대로 결정지으므로 반드시 알아야 한다.

삼자는 정확히 반비례한다. 이를 통해서 지금 비이성적으로 오르는 금값의 장래를 볼 수 있다. 뒤에서 금 가격의 장래를 예측해 본다.

적어도 상당 기간 저환율 시대가 찾아올 것은 거의 확실하다.
따라서 내 아파트와 내 주식, 달러 예금, 미국 배당투자 주식과 미국 리츠에서 어떤 결과가 나올까는 이미 정해졌다. 금년, 즉 2021년 혹은 2023년에 환율이 급변동할 것으로 예측한다.

달러는 미국인 입장에서는 그냥 현금이므로 항상 안전자산이지만 그 밖의 나라에서는 안전자산이었다가 가격이 급격히 변동되는 괴물자산이었다가 하는 괴물이다.

이 달러의 움직임에 따라 주가, 아파트, 달러, 국채를 잘 다루어야 부자가 되는 것이다. 환율은 단기 예측도 중요하지만, 중·장기간의 달러의 등락에 따른 내 재산 가격의 변동을 미리 예상해서 투자하지 않으면 큰 부자가 될 수 없다.

그렇다면 롱텀디플레이션으로 전환되는 시점을 포착하는 것이 가장 중요하다. 자동적으로 찾을 수 있는 방법이 없어 아쉽기만 하지만 매일매일의 관찰을 통해 찾아내는 요령을 다음 챕터에서 알아본다!

챕터 2

롱텀디플레이션의 원인과 그 해결의 단초

롱텀디플레이션의 원인을 살펴보면,
첫째, 가장 강력한 원인은 달러 가격의 지속적인 하락이다. 원화가 강세로 가면 우리나라의 물가는 내려갈 수밖에 없다. 따라서 달러 가격의 지속적인 하락이 디플레이션의 가장 강력한 원인이다.

달러 가격의 3% 하락은 모든 수입 물가를 3% 하락시키므로 물가가 그만큼 싸지니까 월급도 3% 인하시킬 명분이 생긴다. 달러 가격의 하락은 물가에 무차별적으로 적용되는 디플레이션율이 된다.

이와는 반대로 달러 가격의 상승, 즉 환율의 상승은 수입품 가격을 상승시키고 수출품 가격을 상승시켜 수출하는 나라나 기업에 환율 상승으로 인한 초과이득을 가져다주기도 한다. 그러므로 지구상의 각 나라들은 고환율정책을 선호하게 된다.

그래서 미국은 의도적인 고환율정책을 시행하는 나라를 환율조작국으로 지정하기도 하고 관찰대상국으로 다소 느슨하게 관리하기도 한다. 모든 나라는 그들의 목적에 맞춰 경제정책을 펴지만 거의 모두가 고환율정책을 펴 나간다고 할 수 있다.

개발도상국의 입장에서는 환율을 조정하여 가장 손쉽게 해외에서 자국 제품들의 경쟁력을 확보할 수 있다. 이른바 국제적으로 가격경쟁력을 확보하는 가장 간단한 방법이 환율을 인상시키는 것이다. 중국이 처음으로 세계시장에 진출하여 경쟁력을 손쉽게 확보할 수 있었던 것은 바로 [그림 3]처럼 끊임없이 높여 간 위안화의 환율 덕분이었다.

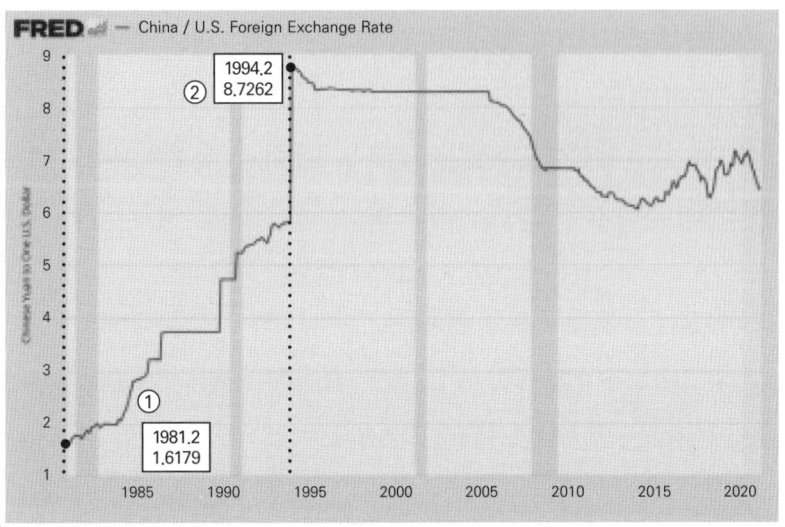

[그림 3] 위안 달러 그래프

즉 [그림 3]의 수직점선 ①처럼 개혁개방(1978.12) 초기 연도에 가까운 1981년 2월 1일 1.6179였던 달러와 위안화의 환율은 지속적으로 절상하였다. 개혁개방 14년 만인 1994년 2월의 위안화 환율은 ②처럼 8.7262였다. 무려 539.3%의 위안화 절하가 있었음을 알 수 있다.

거기에다가 13억 인구의 싼 인건비로 만든 제품의 가격경쟁력 확보로 세계시장에 성공적으로 진입하였다. 이 덕분에 전 세계는 인플레 없는 호황기를 근 40년간 지내 온 것이기도 하다. 그래서 중국은 1978년 개혁개방 이후 약 40년 만에 G2로 성장하였다.

우리나라도 처음 국제시장에 진출할 당시에는 역시 고환율정책을 통한 국제적인 가격경쟁력 확보를 통해 수출액을 늘리는 것이 목표였다. 그러나 수입상대국에는 적자가 쌓여 가므로 이러한 단계는 일정 기간이 지나면 적용하기가 쉽지 않다. 가격경쟁력만으로 세계시장을 확보하는 것은 영구적이지도 않고 무한정 지속될 수도 없다. 인건비, 지대 등의 비용이 급등하기 때문이다.

중국이 값싼 제품과 위안화 절상으로 우리나라의 시장을 대체해 왔듯이 생산의 3요소, 즉 3M(자원, 사람, 자본) 중 일부가 절대적 우위에 있어야 국제시장에서 가격경쟁력 확보가 가능하다.

가격경쟁력이 추락하기 시작하면 이제는 품질로써 경쟁하는 품질경쟁력을 강화시키지 않으면 안 된다. 같은 제품이지만 가격 대비 품질을 한 단계 업그레이드시켜야 국제시장에서 경쟁력 확보가 가능한 것이다. 요즘 말로 가성비가 맞아야 제품이 팔리는 것이다. 품질이 뛰어나면 환율 절하 시에도 가격 전가가 가능해진다.

다음으로 생각해 보는 롱텀디플레이션의 원인은 해리 덴트가 말한 인구절벽이다. 한동안 해리 덴트의 인구절벽이란 단어가 온 세계를 풍미한 적이 있다. 이를 두고 생산활동가능인구(15~64세 인구)가 줄어 물건을 못 만들어 그런 것으로 오해하는 사람들이 많은 것 같다.

롱텀디플레이션은 생산활동인구가 줄어들어 오는 것이 아니다. 생산활동가능인구의 부족은 자동화나 여성 인력으로 충분히 대체 가능하다.

15~64세의 인구를 생산활동가능인구(Working age)라고 부르는데, 이 말을 뒤집어 보면 소비활동가능인구도 된다. 인구는 단기간에 늘려 갈 수 없다. 즉 단순히 생산활동가능인구의 감소 때문에 전 세계 경기가 디플레를 향해 간다고 오해하면 안 된다. 지금 세계는 생산이 부족해서 디플레가 오는 것이 아니라 소비가 부족해서 디플레가 오는 것이다.

생산량의 부족은 자동화로 간단히 해결할 수 있다. 기계를 통한 자동화보다 생산과 소비를 동시에 늘려 주는 여성의 새로운 사회활동이 훨씬 더 중요하다. 새로이 사회활동을 시작하는 가정주부 등 여성 인력은 생산과 소비를 동시에 늘려 주기 때문이다. 즉 디플레의 원인은 과소소비라는 관점에서 봐야 한다.

맬서스의 인구론이 세상을 지배하던 시절 등소평은 "인구가 자산이다"라고 천명한 바 있다. 이제야 이 말이 먹히는 시대가 된 것이다. 어느 나라나 인구가 중요하다.

현재까지는 전 세계 유일한 롱텀디플레 국가는 일본이다. 1990년 이후의 일본의 주식, 아파트 등 자산 가격이 폭락했다. 가격이 폭락하는 자산을 피해서 투자하고 오히려 롱텀디플레이션 기간 동안 올랐던 재산을 찾아서 투자하면 바로 롱텀디플레이션하에서의 새로운 재테크 기법이 된다.

해리 덴트는 일본의 생산활동가능인구가 갑자기 줄어드는 이유를 단카이 세대의 은퇴 때문이라고 주장한다. 단카이 세대는 전부 은퇴하였고 연금 외에는 수입이 거의 없으므로 소비를 줄여 갈 것은 맞다.

하지만 절대인구가 줄어도 상대적으로 늘어나는 고령인구도 있다. 수요가 폭증하는 산업, 즉 제약, 바이오, 헬스케어 산업은 고령인구의 증가로 오히려 수요가 폭증한다. 당장 이 단카이 세대나 베이비부머 세대가 지구상에서 사라지는 것이 아니라 수입이 줄어 소비를 조금씩 줄여 갈 뿐이기에 해리 덴트의 걱정처럼 되지는 않는다.

하지만 달러 가격의 하락은 디플레이션에 무차별적이다.
달러 가격은 인구 감소로 인한 소비 감소에 따른 하락률보다 즉각적이고 무차별적이다. 반면 인구 감소에 따른 소비 수요 감소는 서서히 적은 비율로 반영된다고 보는 것이 타당하다.

따라서 인구 감소에 따라서 디플레가 온다는 분석은 과장된 것으로 보는 것이 타당하다. 한마디로 오버 인사이트(Over Insight)이다.

셋째, 자본의 지속적인 유출이다. 환율이 지속적으로 하락하면 자연스레 자본 유출 유혹이 생기게 된다. 일본을 예로 들면 일본 국내 달러 가격은 지속적으로 하락하므로 일본인이 미국 자산을 볼 때 자산 가격은 폭락한 것과 같지만 미국인 입장에서 미국 자산 가격은 그대로이다. 즉 움직임이 전혀 없는 상태다. 오르지도 내리지도 않았다.

하지만 달러 가격 하락으로 일본의 자산 평가 가격을 폭등시켜 일본의 자본유출을 유혹하게 된다. 결국 일본의 GDP는 해외유출을 촉진하게 되어 국내 소비 감소를 유발시키고 이는 또다시 달러 유출의 유혹을 키워 악순환 과정을 밟게 된다. 결론적으로 지나친 경상수지 흑자, 즉 수출의 해악으로 엔화 강세가 나타나는 것이다.

일본인들은 해외투자 시에 달러의 최저점을 찾아서 그때 해외에 투자하지 못하면 결국 손해를 보게 된다. 그 후에도 달러 가격이 계속 내리면 해외에 나간 달러는 국내로 반입하지도 못한다. 이른바 해외투자액은 점점 늘어만 가고 누적되는 것이다.

이는 아베노믹스가 성공한다면 완전한 대박을 맞게 된다는 뜻이기도 하다. 돈을 무작정 풀어 엔화 가치를 떨어뜨려 국제경쟁력을 확보하고자 함이 바로 아베노믹스였다. 만약 엔저가 아베노믹스로 찾아오고 미국 자산 가격이 상승하면 해외에 나간 일본 투자자들의 투자수익 + 환차익은 엄청나게 된다.

그러려면 일본의 국력, 국가경쟁력이 약해져서 엔화가 약해져야 한다. 결국 막대한 무역흑자가 일본을 망친 것이다. 일본이 살려면 무역흑자를 줄여야 하는 이상한 일이 생겨난다. 이것이 일본의 딜레마다.

일본은 롱텀디플레이션으로 자산을 국내에 그냥 둬도 매년 가격이 내리고 있다. 대신에 미국으로 나가면 잘 빠지지는 않는다. 그러나 해외로 나갔던 돈은 엔화 강세로 일본 국내로 들여오면 환차손이 발생한다. 이것이 일본인들의 딜레마다.

1985년 9월 22일 플라자(Plaza)합의 때 약 2배 정도의 엔화 강세가 시현됐다. [그림 1] 다이아몬드 달러투자법 이해도에 따라 일본의 부동산과 주식은 폭등한다.

실제로는 1986~1989년 사이에 300% 정도가 폭등했다. 버블과 역버블에 따라서 결국에는 균형점을 찾아가는 과정이었기에 최고 시세는 약 3배까지도 오른 것이다.

그러나 1990년 일본의 대붕괴 이후, 롱텀디플레이션으로 이제는 80%가 폭락했다. 거품 붕괴와 달러 가격 폭락, 인구 문제, 부채 문제 때문으로 그렇게 된 것이다.

넷째, 부채의 증가, 소구형 주택담보대출 제도의 시행으로 소비 여력이 없기 때문이다.

다음 기사 제목을 보자. 2020년 12월 25일자 〈조선일보〉 기사이다.

"가계 부채 1940조, GDP보다도 많아져"

부채는 국가의 부채와 개인의 부채로 나누어 생각해 볼 수 있다. 한국은행은 금융안정보고서를 통해 9월 말 기준 가계 부채가 1천940조 6천억 원으로 GDP(1천918조 8천억 원)를 넘어섰다고 밝혔다.

가계 부채가 GDP를 넘은 것은 관련 통계를 작성한 2000년 이후 처음으로 GDP, 즉 소득 대비 더 높은 101.1%다. 빚이 이렇게 많은데 소비를 늘릴 여력이 없음은 당연하다고 하겠다. 따라서 사실상 디플레 경제의 완화책이 되는 것은 바로 가계 부채의 청산에 달려 있다고 본다.

기업 부채도 2천112조 7천억 원으로 GDP 대비 110.1%가 됐다. GDP(국내총생산) 대비 정부 부채 비율도 2019년 42.2%로 높아졌다. 전세금, 공기업 부채 등도 각 경제 주체별 부채 총액 파악 시에는 일치되지 않는 논란이 있다. 이는 차치하더라도 가계, 기업, 정부 세 경제 주체가 전부 빚에 짓눌리고 있는 것이다.

이 중 가계 부채가 가장 큰 문제인데, 한국은 이 가계 부채가 2032년쯤에나 해결될 것으로 보인다. 빚잔치를 하지 않고, 즉 미국형의 비소구형으로 주택담보대출제도를 소급해서 바꾸면 빚은 일시에 청산되고, 경제는 제법 활력을 되찾을 것이다.

그러나 지금 현재 한국이나 일본처럼 단지 빚을 연기하는 제도, 즉 소구형으로 계속 간다면, 채무자들의 자연스러운 도태가 생겨난 뒤에나 인플레 경제로의 회귀를 꿈꿀 수 있다. 그러나 더 큰 문제인 인구절벽이 앞을 막고 있다. 한마디로 앞으로 한·일은 희망이 거의 없다.

한·중·일 등 동양권의 소구형 주택담보대출 제도는 계속 경기에 영향을 끼칠 것으로 보인다. 즉 동양권도 이 2033년쯤의 부동산 상승 대열에서 탈락하지 않으려면, 주택담보대출제도를 미국식으로 개선해야 할 것이다.

빚으로 국민 생활에 고통이 따른다면 그 기간을 짧게 해야 한다. 2008년의 금융위기를 단기간에 극복한 미국식으로 빚을 일시에 처리하는 제도가 국민들의 고통을 오히려 줄여 주는 것이 될 것이다.

디플레 해결책으로 일본은 양적 완화를 채택했다. 이른바 아베노믹스다. 디플레는 대기업을 망가뜨린다. 반대로 중소기업을 부흥시킨다. 개인을 부유하게 한다. 이른바 저환율정책을 쓰는 것과 같은 효과가 있다.

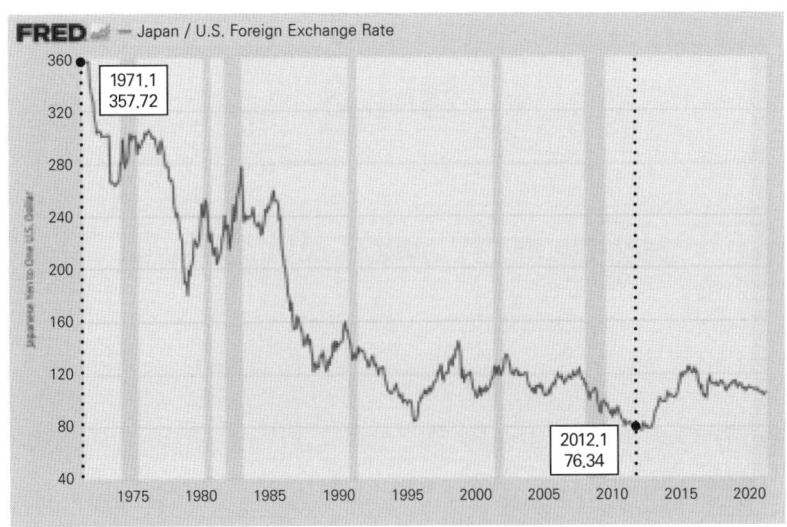

[그림 4] 엔·달러 그래프

[그림 4]처럼 일본의 엔화는 1970년대 360엔에서 2014년 72엔, 단순히 계산하면 44년간 수입 물가는 80% 폭락했다. 단순하게 생각하면 일본 내의 모든 물건은 단순히 엔화 가격의 급등과 비례해서 44년간 80%가 떨어진 것이다.

우리나라의 경우, 백신 접종이 다소 늦어질 가능성이 큰 데다 코로나-19로 자영업이 큰 타격을 입어 물가가 낮은 상태를 유지하는 '디스인플레이션(물가 상승률이 하락하는 것)'이 올 것이라는 전망도 나온다. 여기에 환율의 하락은 수입 물가를 떨어뜨릴 수 있어 미국과 우리나라 경기 간 디커플링(탈동조화)의 가능성도 제기된다.

챕터 3

해리 덴트의 인구절벽론은 오버 인사이트다

인구절벽이란 미국의 경제학자 해리 덴트가 그의 책《2018 인구 절벽이 온다》에서 주창한 개념으로 생산활동가능인구(15~64세)의 비율이 급속도로 줄어드는 현상을 말하는데, 인구절벽 현상이 발생하면 생산과 소비가 줄어드는 등 경제활동이 위축돼 심각한 경제위기가 발생할 수 있다는 이론이다. 한편, 해리 덴트는 한국이 2018년경 인구절벽에 직면해 경제불황을 겪을 가능성이 높다며 경고한 바 있다.

그러나 생산활동경제인구의 감소가 소비활동에 영향을 끼쳐 디플레를 유발한다는 그의 이론은 오버 인사이트(Over Insight), 즉 지나친 통찰이나 확대해석으로 보인다. 사람들은 항상소득이나 평생소득에 맞춰 소비활동을 한다. 수십 년간 경제학을 지배했던 항상소득 가설이나 평생소득 가설을 한마디로 셧아웃시킬 수는 없다.

인구가 10%가 줄어든다면 소비가 10% 줄어들겠지만, 이것 하나만으로 그가 말한 불황이 올 가능성이 거의 없다고 본다. 적어도 30~40% 인구가 줄어야 소비에 큰 영향을 줄 수 있을 것으로 보인다.

통일된 독일을 보더라도 기존의 서독 인구에다가 동독의 인구를 합쳤어도 그들은 약 10년 이상 경기가 죽을 쑨 것을 기억해야 한다.

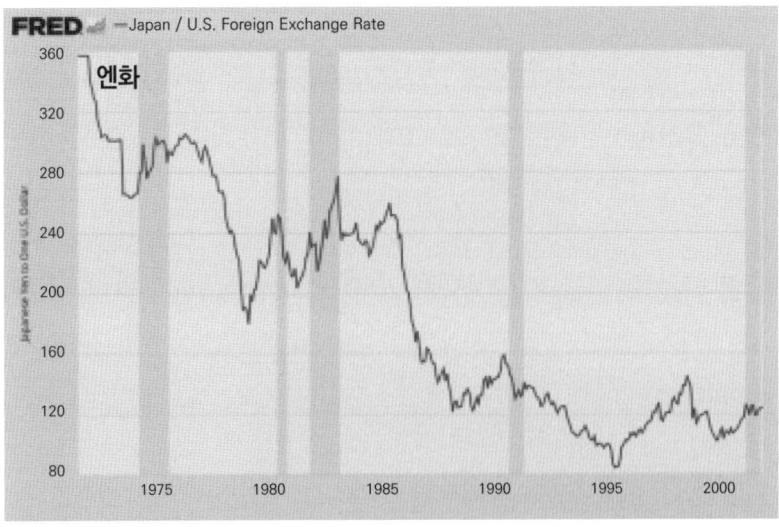

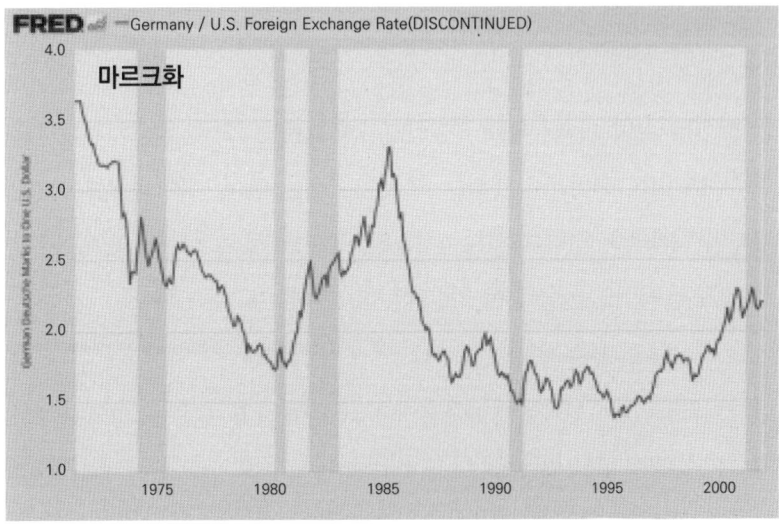

[그림 5] 플라자합의 후 같은 연월의 엔화와 마르크화 가격 추세 비교(1971.1~2001.1.2)

그는 인구절벽으로 인해서 디플레가 온다는 것인데, 인구절벽으로 인한 디플레적 요인은 부차적인 것이고 진실은 각국의 국내 달러 약세가 그 원인이다.

그러나 1985년의 플라자합의 이후의 일본과 독일의 환율 변화를 살펴보면 인구 문제가 상당한 영향력이 있음은 부인할 수 없다. 그 당시의 일본 엔화와 서독 마르크화의 변동을 살펴보자.

[그림 5]는 1971년 1월 1일에서 2001년 12월 1일까지 약 30년간의 같은 날짜의 엔화와 마르크화의 대달러환율을 비교할 수 있게 조정한 그래프이다.

플라자합의 후의 일본과 서독의 달러환율 그래프의 움직임은 거의 흡사했음을 볼 수 있다.

양국 전부 같이 화폐가치가 절상되었지만 일본은 그 후 디플레에 빠져들어 30년 이상 헤어나지 못하고 있고, 1990년 10월 3일 통일된 독일은 무사히 디플레의 압박 속에서 빠져나와 성장을 지속하고 있음을 보면 인구 문제가 적어도 환율 다음으로 영향이 있음을 알 수 있다.

다음 [그림 6]은 1960년 1월 1일에서 2019년 1월 1일까지 일본과 독일의 총인구를 비교한 그래프이다. 1990년 10월 3일 서독은 동독을 병합함으로써 일거에 1천600만 명의 인구가 늘어나 서독의 6천만 명을 더해 통일 후 인구는 7천600만 명이었다. 인구는 무려 26.7%가 폭증하였다.

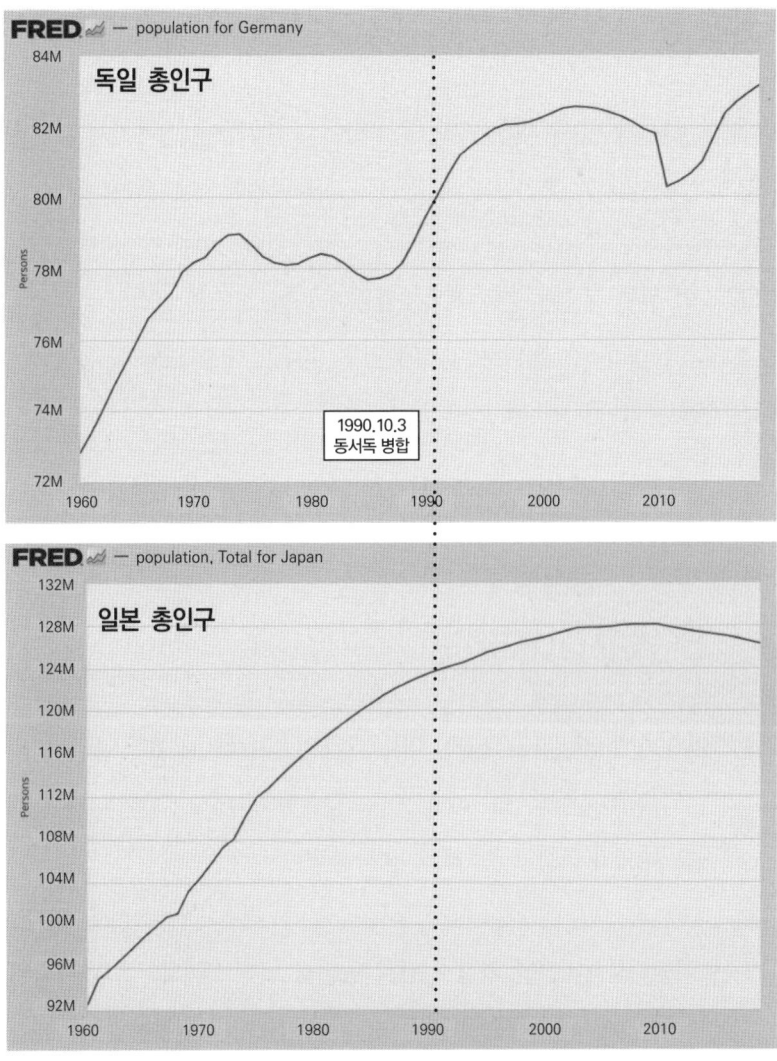

[그림 6] 독일과 일본의 같은 연월의 총인구 대비 그래프(1960.1.1~2019.1.1)

독일 인구의 변화 그래프인 [그림 6]의 윗부분 그림을 보면 1990년 10월에 한꺼번에 늘어난 인구를 그래프로 확인할 수 있다. 아쉬운 점은 FRED에도 독일의 생산활동가능인구(15~64세)의 변화 그래프를 구할 수 없어 일본과 생산활동가능인구 변화 추이를 비교할 수 없다는 점이다.

여기에 따른 생산활동가능인구의 증가폭이나 증가율은 상세하게 통계로 확인할 수는 없지만 총인구의 약 30%가 하루아침에 늘어난 것이다.

이에 따라 통일 독일은 한때 독일소멸론이 나올 정도로 심각하게 인구가 감소하다가 갑작스런 통일로 일거에 인구 문제가 해결되었기에 일본과는 다른 길을 걷게 된 것이다.

어느 학자나 연구소, 정부도 연구해 보지는 않았지만 다이아몬드 달러투자법에 따라서 디플레이션율을 계산해 본다면, 환율 하락률 + 인구 감소율 + 기타 요인들 = 디플레이션율이 계산되지 않을까 싶다.

개인적인 판단으로는 어느 나라, 어느 시대의 디플레이션율은 환율 변동에 따른 디플레이션율이 약 80%, 인구 감소율이 15%, 기타 부채 문제가 약 5% 내외의 영향을 끼치리라 생각한다.

필자는 롱텀디플레이션의 가장 강력한 원인을 달러 약세로, 그다음 요인을 생산활동가능인구의 감소로 본다. 누구나 알다시피 일본은 약 30년간 롱텀디플레이션을 해결하지 못하고 있다.

이 부분은 학자들이나 경제연구소 등의 몫이지, 롱텀디플레를 이용하여 재테크로 큰돈을 버는 방법을 소개하는 본 저서의 목표와는 맞지 않는다. 하지만 디플레를 다루면서 그 해결의 단초라도 제공하는 것이 맞는 것 같다.

여태까지 디플레이션, 그중에서 롱텀디플레이션을 본격적으로 연구한 나라나 연구소 학자는 없을 것으로 본다. 일본과 독일이 같은 날에 플라자합의를 했지만 롱텀디플레이션은 일본에서만 유일하게 발생한 현상이었고 롱텀디플레이션은 일반화되지 않았기 때문이다. 그러나 이번의 전 세계에 닥칠 롱텀디플레이션은 공통사항이 된다. 그러므로 누구나 롱텀디플레이션을 이해하고 투자해야 한다.

그럼 전 세계에 닥친 롱텀디플레이션에 어떻게 대처해야 할까?

우선, 달러 가격의 지나친 하락을 막아야 한다.
즉 달러 가격이 내린 만큼 수입물품의 가격 하락을 가져오며 이는 무차별적으로 모든 원재료와 물건에 적용된다. 아파트, 주식은 물론 생활용품이나 원유, 금 등의 가격 하락을 강제한다.

달러 가격의 하락률은 전 세계 나라별로 달리 나타나겠지만 경제가 나름 튼튼한 우리나라의 경우 1985년의 일본처럼 전 세계에서 가장 강력하게 나타날 것이다.

일본은 강제적으로 플라자합의를 맺게 되었지만, 그 정도의 강력한 환율 조정이 있을 것으로 예상된다. 이것이, 즉 각국의 국내 달러 가격 하락이 가장 강력한 롱텀디플레이션의 요인이 된다.

생산활동가능인구의 감소 또한 영향을 끼칠 것은 맞지만 해리 덴트가 주장하는 것처럼 거의 전적인 요소는 아니다. 사람들은 달러 가격 하락으로 모든 물건값이 지속적으로 꾸준히 내릴 것으로 예측되면 소비를 미룬다. 이것이 소비를 줄이는 큰 요소가 된다.

바로 이것이 롱텀디플레이션의 핵심 이유 중 하나는 맞다. 그러나 달러 가격의 하락은 무차별적으로 모든 산업과 물품에 긴 기간 동안 꾸준히 나타나게 된다.

1985년 일본과 서독의 플라자합의 조치로 엔화는 하루아침에 폭등했다. 240엔에서 120엔으로… 일본의 수입 물가는 폭락했다. 모든 수입품 가격은 폭락했으며 시차를 두고 일본의 모든 물건 가격이 거의 같은 비율인 50% 내렸다. 따라서 일본의 아파트 주식은 이른바 미국인 입장에서 보면, 즉 달러 가격으로 보면 하루아침에 반절로 살 수 있는 가격이 되었다.

그 후 엔화는 2008년 78엔까지 치솟았다. 즉 달러는 폭락했다. 바로 이것이다. 이 달러의 폭락이 바로 일본의 롱텀디플레를 초래한 실체다.

타산지석, 일본이 지나온 롱텀디플레이션 과정을 보면 일본의 주가지수와 아파트 가격의 폭락 과정과 수준을 알 수 있다. 즉 한국의 원화 강세는 어디까지 갈 것인가를 미리 예측하면 한국의 주가지수, 아파트 가격과 물건들의 가격을 미리 알 수 있는 것은 당연한 것 아닌가?

둘째, 인구를 늘려야 한다.

여기에서 말하는 인구는 생산활동가능인구를 말한다. 생산활동가능인구라는 단어만 보고 오해하는 것은 생산활동가능인구가 부족하다니까 생산량이 부족한 것으로 오해하고 이 생산활동가능인구의 감소는 기계화로 충분히 대응 가능하다고 말하는 코미디언 같은 학자들도 있다. 그러나 여기서 말하는 생산가능인구는 소비가능인구를 말한다.

물론 생산가능인구가 바로 소비가능인구이기도 하니까 구별 없이 그냥 쓰는 것이지만 정확히는 구분해서 써야 한다. 인구 구조상 전 세계에서 제일 먼저 '독일소멸론'까지 횡행했던 독일은 통일로 인구 문제를 단숨에 해결하여 롱텀디플레이션을 피해 간 것은 맞다.

반면에 일본은 아직도 롱텀디플레가 진행 중이다. 이미 30년이 지났다. 독일과 일본을 같이 살펴보면 우리나라도 독일처럼 통일이 되어서 일시에 인구가 급증하지 않는다면 롱텀디플레이션을 피할 길이 없는 이유를 본 저서를 통해서 살펴보게 될 것이다.

일본은 2012년 4월부터 정년을 70세로 늘렸다. 정년을 늘려 연금부담을 줄이고 일손 부족도 해결하고자 함이다. 그러나 잊지 말아야 할 것은 지금은 생산활동가능인구가 부족한 것이라기보다, 즉 물자가 부족한 것이 아니라 소비활동가능인구가 부족한 것이다. 정년을 늘려 주면 소비가 늘어나는 것은 당연하지만 생산량도 늘어난다.

일본의 단카이 세대는 680만 명, 한국의 베이비부머 세대는 720만 명이다. 일본의 단카이 세대는 일본 전체 인구의 5.7%, 한국의 베이비부머 세대는 한국 총인구의 14.4%나 된다. 양국의 큰 인구 집단을 총인구로 대비해 보면 한국이 약 2.5배나 더 많다.

인구 비중으로 봐서 한국의 디플레는 일본보다 진행 속도가 약 2.5배 더 빠를 수밖에 없다는 것은 베이비부머의 총인구 대비 비중으로도 짐작할 수 있다.

30년 이상 망가진 현재의 일본 경제가 12년 후에 한국이 도착할 곳이다. 무섭다. 롱텀디플레마저도 한국에서는 '빨리빨리'가 적용된다.

정부나 관변 학자들은 흔히 한국은 일본식 붕괴나 불황은 없다고 희망 섞인 말들을 해댄다. 그러나 근거는 없다. 그저 희망사항일 뿐이다.

셋째로 수출과 해외투자를 줄여야 한다.
오늘날 전 세계 각국은 수출을 지상목표로 삼고 있다. GDP의 어느 정도가 적정 규모의 수출액인지, 국제수지는 흑자만이 최선인지 등의 연구는 학자들이 연구해야겠지만, 일본을 예로 들면 그들은 항상 무역흑자이다. 그들이 무역흑자로 벌어들인 돈 중 약 3조 5천억 달러가 이미 해외에 투자되어 있고 매년 또다시 해외에만 투자를 늘리고 있다.

일본 국내에서 소비되어 국민들의 복지나 소비함으로써 누려야 할 행복,

즉 달러가 전부 해외로 유출되니 일본 국내 경기는 침체될 수밖에 없다. 물경 지금 일본 GDP의 약 2년 치가 해외에 나가 있다. 그리고 매년 많은 돈이 해외에만 투자되고 있다. 수출 지향적인 우리나라도 일본을 보고 이 세 번째 사항을 검토해 두어야 한다.

마지막으로 일본은 국제통화로서 엔화의 지위를 포기하는 것도 심각하게 검토해 봐야 한다. 전 세계에서 차지하는 엔화 거래 비중은 미미하기 그지없다. 엔화가 국제통화이기에 전 세계에 금융위기가 닥칠 때마다 엔화는 강세를 띠어 일본 국내 경기를 부양하지도 못한다는 주장도 설득력이 있는 말이다.

국제통화로서의 낮은 위상을 지키기 위해서 너무 큰 희생을 치른다고 생각해 본 적은 있는가? 만약 국제통화의 지위를 포기한다면 엔화에 대한 수요를 많이 떨어뜨리게 될 것이다.

곧 한국도 이제 일본처럼 투자할 곳이 없어진다. 한국의 제로금리(대출이자, 예금이자) 시대는 2023년이 원년이 될 것 같다.

제로금리라니까 은행에서 무이자로 돈을 빌려 월세투자를 하면 수익성 부동산이 돈이 될 것 같지만 일본처럼 이는 죽음에 이르는 길이 된다. 이 책은 바로 이 같은 롱텀디플레를 본격적으로 다룬 최초의 재테크 실무서이다.

앞으로 롱텀디플레 시의 투자요령을 아느냐 모르냐에 따라 인생이 바뀐다고 단정할 수 있다.

챕터 4

롱텀디플레이션의 시작시기 포착법

롱텀디플레이션(Long Term Deflation)이 보통의 디플레이션, 즉 경기순환에 따라 10년에 한 번 정도 주기적으로 찾아오는 숏텀디플레이션과는 달리 공포의 'D'가 되는 이유는 투자자산에 미치는 영향이 엄청 크고 장기간이며 투자 방법도 완전히 반대이기 때문이다.

[그림 2]의 수직점선 ②와 ③을 통해 설명한 바 있다. 한마디로 수직점선 ② 이후에는 평상시의 투자요령인 다이아몬드 달러투자법이 적용되지 않는다. 만약 ② 이후에도 다이아몬드 달러투자법을 적용해서 투자하면 큰 손해를 보게 됨을 그래프를 통해 알 수 있다. 이 구간에서는 달러도 오르고 주가도 아파트도 오른다. 챕터 7의 [그림 12]로도 다이아몬드 달러투자법이 적용되지 않음을 또 한 번 확인해 볼 수 있다.

앞선 챕터 1의 [그림 2]는 장장 48년간의 일본 엔화 추이와 니케이지수의 변동과 일본 주택지수의 변동을 같은 해 같은 월의 변동이나 서로의 관계를 한눈에 파악할 수 있게 대응시킨 그래프이다.

이 [그림 2]는 장기간인 48년간의 비교이고 [그림 12]는 약 11년간 (2009~2019)의 엔화 환율의 변동에 따른 니케이지수의 변동과 주택 가격의 변동을 일목요연하게 파악할 수 있게 해 준다.

2009년 이전의 엔화 추이와 같은 기간의 주택지수 및 니케이지수 그래프는 BIS(국제결제은행)에서 제공되지 않아 48년간의 엔·달러 변동에 따른 니케이지수의 변동, 주택지수의 변동을 살펴볼 수 없는 것이 아쉽다.

그래서 부득이 주택지수가 제공되기 시작하는 2009년부터 2019년까지 엔·달러와 니케이지수, 주택지수를 비교할 수 있는 [그림 12]를 통해 다시 자세히 살펴보는 것이다. 결국 초장기 그래프와 장기그래프를 통해서 롱텀디플레이션 시의 달러 가격과 주식 및 아파트의 관계를 두 번 살펴보면서 이 3자의 관계를 다시 설명하게 된 것이다.

결론적으로 가장 중요한 핵심은 숏텀디플레에서 롱텀디플레로 전환되는 시점을 어떻게 포착하느냐에 있다.

숏텀디플레이션이나 평상시에도 달러 가격이 올라서 주식 가격이 내리는 것인지, 주식을 팔고서 주식을 판 외국인 등의 환전수요로 달러가 오르는 것인지는 불분명하지만 결과를 보면 달러와 주가지수는 반대 방향으로 귀착된다. 어느 순간 이 방향이 같은 방향이 된다면 이제는 롱텀디플레이션으로 변환되는 것이다.

[그림 2]의 ②와 ③ 구간에서 보듯이 달러가 올라가고 있는데도 주가가 같은 상승률로 오르고 있다. 하루 이틀의 움직임이 아니라 환율과 주식의 움직임으로, 즉 추세적인 움직임의 방향으로 파악해야 하는 것은 확실하다.

일본의 1980년대의 양자의 움직임을 보면 주가지수가 대세 상승을 지속 중임에도 어느 순간, 즉 1988년 12월경이 되자 주가지수가 폭등이 지속됨에도 달러 가격이 지속적으로 상승하고 있음을 볼 수 있다.

여기가 바로 롱텀디플레이션의 시발점이다. 이것이 바로 롱텀디플레이션의 가장 특징적인 현상이다. 놀랍게도 주식시장의 대세 하락, 즉 대붕괴 약 1년 전에 이미 롱텀디플레이션이 출발했다는 점이다.

기존의 다이아몬드 달러투자법이 반대로 적용되기 시작하는 때가 바로 롱텀디플레이션의 시작되는 때이다. 즉 역(逆)다이아몬드 달러투자법이 적용되기 시작하는 곳부터 롱텀디플레이션이 시작되는 것이다.

니케이 주가지수가 대세 하락을 시작하는 1989년 1월 4일까지 주가지수는 계속 급등하고 1989년 1월 4일부터 달러 가격은 니케이지수 급락과 함께 내리고 있다.

역시 해당 기간의 일본의 부동산지수가 제공되지 않아 부동산 가격과 달러 가격과 주가지수의 관계를 정확히 확인할 수 없지만, 약 5개월의 시차를 두고 니케이지수의 움직임과 같은 방향과 폭으로 변동되고 있었을 것으로 추론할 수 있다.

일본의 주택지수가 2010년부터 제공되어 직접 그래프상에서 일본 부동산의 움직임을 확인할 수는 없으나 2009년 7월 이후의 일본의 주택지수 움직임으로 미루어 이렇게 짐작할 수 있다.

자산간 수익률의 차이가 나는 것은 합리적이지 않다. 왜냐하면 돈은 이윤동기에 따라서 수익이 많이 나는 곳으로 이동하기 때문이다. 중장기적으로 주식과 부동산의 상승률은 거의 같다고 보면 된다.

그러면 필자의 과거 주장대로 곧 닥쳐올 2021년 6월쯤 혹은 2023년 6월쯤 전 세계에 찾아올 것으로 예상되는 주식시장 및 부동산시장의 거품 대붕괴가 시작된다면 이것이 숏텀디플레적 현상이냐 아니면 롱텀디플레적 현상이냐를 구분하는 것이 무엇보다 중요함을 알 수 있다.

정확한 것은 지나 봐야 알 수 있지만, 재테크를 하는 우리로서는 예측해서 미리 투자해야 큰돈을 벌 수 있다. 그 이유는 숏텀디플레이션에서의 투자법과 롱텀디플레이션 때의 투자법이 전혀 다르기 때문이다.

2021년 현재의 코스피지수와 달러 가격의 변동 후에 올 경기변동이 숏텀디플레이션, 즉 통상의 불경기라고 생각할 수 있는 이유는, 일본의 플라자합의로 엔화는 단 하루 사이에 240엔에서 160엔으로 약 33.3% 급등했기 때문이다.

지금 현재 달러 가격은 앞으로 30~40% 더 내릴 것이라고 많은 전문가들이 예측하고 있다. 필자는 이미 2018년 1월에 발간된 《자식들에게만 전해주는 재테크 비밀수첩》에서 추세적인 달러 약세를 예상했었다.

2021년 6월 말까지 혹은 2023년 6월까지 추세적인 달러 가격의 하락이 예상되긴 하지만, 아직 일본의 [그림 2]의 ② 이후, 즉 1988년 12월 ~1989년 12월처럼 달러 가격과 코스피지수의 동시 급등 현상이 나타나지 않았기에 숏텀디플레이션으로 보는 것이다.

다이아몬드 달러투자법은 [그림 23]의 한국의 IMF, [그림 24]의 한국의 IMF 직전인 1986~1988년까지의 일본 엔화의 움직임, [그림 25]의 영국의 브렉시트, [그림 23]의 한국의 IMF와 2008년 금융위기를 통해서, 또한 [그림 15]의 달러와 원유 가격의 반비례 관계, [그림 16]의 달러와 원유 금 가격의 반비례 관계 등등을 통해서 이미 입증되어 있다.

또한 필자의 책 《일본인의 눈물》에 달러투자로 단기간에 재산을 4배로 불리는 방법을 통해 자세히 증명되어 있다.

[그림 2]에서 롱텀디플레이션으로 판정할 수 있는 가장 중요한 포인트는 역시 달러환율과 아파트, 주식의 가격 변동 관계이다.

1988년 12월 이후의 일본의 엔화의 방향과 니케이지수의 방향, 일본 니케이지수의 방향이 같은 쪽으로 움직인 것이다. 이것이 바로 롱텀디플레이션 현상이다.

여태까지 아무도 이 사실을 알지 못하고 있고 필자가 이런 현상을 FRED가 제공하는 자료를 활용하여 독창적으로 분석하고 장기간의 그래프를 통해 입증한 것이다. 1989년 12월부터 일본 니케이지수가 완전히 거꾸로 나타나기 시작한 것이다.

한국의 이번 대세 상승기 이후의 코스피지수와 달러 가격의 변동 후에 찾아올 경기가 롱텀디플레이션이라면 적어도 일본처럼 달러와 코스피지수의 움직임 방향이 같아야만 한다. 매일매일의 관계가 아니라 추세적으로 방향이 같으면 롱텀디플레이션의 시발점으로 보는 것이 옳다.

만약 달러와 코스피지수의 움직임 방향이 거의 같아진다면 일본에서 발생했던 롱텀디플레이션 시작점으로 판단되며 재테크 방법을 완전히 바꿔 줘야 한다.

즉 대세 상승이 끝난 이후에도 숏텀디플레이션 시에 투자하던 달러와의 교체매매는 생략해야 한다는 점을 명심하여야 한다.

왜냐하면 코스피지수가 내리면 달러 가격도 같이 내리고 반대의 경우에도 움직임이 같은 방향으로 움직이게 된다. 즉 숏텀디플레처럼 다이아몬드 달러투자법을 따르면 역주행 투자가 된다.

여기서 한 가지 더,
일본의 경우 1990년 1월 4일 주식시장의 대세 하락 시기보다 약 1년 전에 달러의 급등과 니케이지수의 급등이 나타났는데, 한국도 약 1년 전에 이런 동조 현상이 나타나야 이번의 디플레이션을 롱텀디플레이션으로 인식할 수 있느냐이다. 이것은 아니라고 본다.

1985년경의 전 세계는 막 불어닥친 3저 현상으로 주식과 부동산이 전부 급등한 후 한국은 1989년부터 대세 하락을 시작했지만, 일본은 한국보다 약 1년 동안이나 더 니케이지수가 급등하였다. 이런 현상은 1985년의 플라자합의에 따른 외화의 일본시장 본격 공략 때문으로 보인다는 점이다.

즉 롱텀디플레이션의 시작점을 포착하기가 여간 까다로운 게 아니라고 본다. 필자가 주장했던 2021년 6월쯤 혹은 새로 고쳐 주장하는 2023년 6월쯤이 이번의 대세 하락 시점이 바로 롱텀디플레이션의 시발점이 될 수 있다고 본다. 그렇다면 달러 교체매매 과정을 생략해야 한다. 실수하면 역주행 투자가 됨은 물론이다.

이는 일본처럼 앞으로 약 30년간 국내외에 달러투자를 해서는 안 된다는 뜻이다. 즉 국내에서는 달러현찰 보유나 달러 예금을 하지 말아야 한다.

'나는 보유한 달러가 없어'라고 간단히 생각하지 말고 달러기축통화제도 하에서는 전부 달러를 활용하여 국외 송금하기도 하고 국내로 반입하기도 하므로 해외에 투자했다면 바로 달러를 보유한 것과 같은 것이다.

앞으로 국내 달러는 점진적으로 860원 이하로 빠질 것이기에 우리 국민들이 해외에 투자한 돈도 유령달러가 될 운명이다. 따라서 우리나라에도 원화의 저주가 서서히 나타나게 된다.

엔화의 저주가 나타나는 이유는 엔화가 기축통화이기에 나타나는 현상이라고 말하지만 더 큰 이유는 바로 해외에 투자한 일본인들의 3조 5천억 달러의 일본 국내 반입 시도가 더 큰 이유이다. 금융위기로 엔화가 약간 오르려고 하는 순간 해외에 투자한 일본 돈들이 다투어 환전을 시도하기 때문이다.

보통 숏텀디플레 시의 최선의 재테크 방법은 현금을 보유하는 것이다. 그러나 미국 밖의 나라에서는 롱텀디플레이션 때의 달러는 전혀 투자 대상이 아니다.

달러는 미국 거주 미국인에게는 현금이지만 즉 미국인들은 롱텀디플레이션 대비책으로도 숏텀디플레 시에도 달러 현금을 보유하면 되지만, 기타의 나라에서는 롱텀디플레이션 시에는 달러는 현금이라기보다는 재산이기에 이미 자세히 살펴본 대로 달러를 절대로 보유해선 안 된다.

폭락하기 때문이다.

그래서 달러는 괴물이다.

챕터 5

재검증! 롱텀디플레이션 시에는,
달러와 주가, 달러와 아파트 가격은 정비례한다?
과연 싱크로율은 몇 %?

숏텀디플레이션 시에는 달러 가격이 오르면 주가나 아파트는 반비례해서 내린다. 즉 달러 가격이 오를 것으로 판단되면 주식이나 아파트를 팔아야 한다. 우리가 겪었던 IMF 때를 생각하면 간단히 기억해 낼 수 있다.

그러나 롱텀디플레이션하에서는 달러 가격과 주식 가격, 아파트 가격이 같은 방향으로 움직인다고 앞에서 설명했지만 과연 얼마나 정확한가 또한 얼마나 비슷하게 움직이는가의 싱크로율을 그래프 모양으로 다시 검증해 보자.

[그림 7]은 2009~2019(11년간) 엔·달러, 니케이지수, 주택지수의 싱크로율을 보기 위해 한 그래프 안에서 같은 연월의 3자의 관계를 비교해 본 그래프이다.

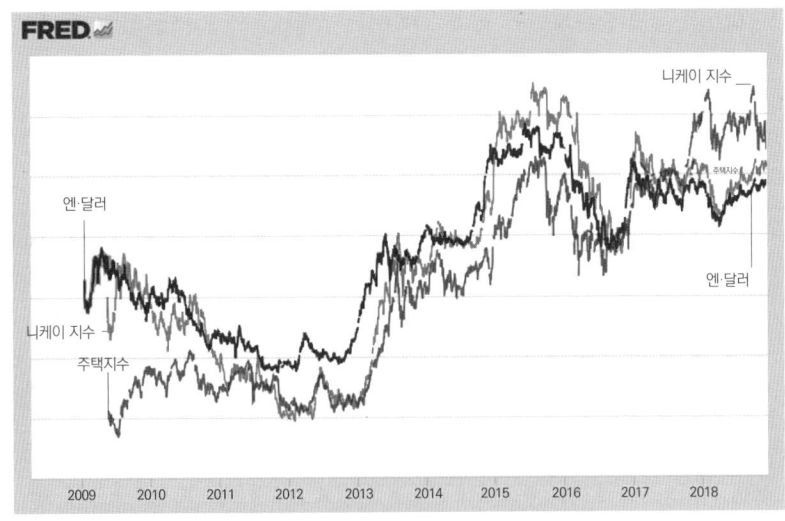

[그림 7] 일본 롱텀디플레(2009~2019) 중 엔, 니케이지수 주택지수의 싱크로율

놀라울 정도로 유사함을 알 수 있다. 따라서 롱텀디플레이션 시대의 투자 방법도 11년간을 비교해서 분석 도출해 낸 결론이므로 정확히 알 수 있다.

[그림 2]의 D 이후 혹은 [그림 12]의 수직점선 ② 이후의 같은 연월의 엔·달러 시세와 니케이지수, 일본의 주택지수를 약 11년간 비교해서 보기 바란다.

[그림 2]의 수직점선 ①과 ③, ④는 엔화 가치와 니케이지수, 주택지수의 관계를 비교해 보기 위한 것이다. 3가지 자산의 관계, 즉 3가지 그래프의 모양이 흡사해 보임을 알 수 있다.

결론적으로 롱텀디플레이션이 진행 중일 때에는 달러 가격이 내리면 주식도 아파트 가격도 내리며, 달러 가격이 오르면 주식 가격도 오르고 아파트 가격도 오른다.

이는 그동안의 상식, 즉 다이아몬드 달러투자법과는 완전히 반대되는 결과이니 롱텀디플레이션이 진행되는 동안 투자할 때에는 특히 유의하여야 함을 알려 주는 중요한 증거다.

이는 기존의 경제학자나 경제연구소 경제분석가 등등도 제시하지 않은 필자의 독창적인 주장이지만 이 주장, 즉 롱텀디플레이션 시에는 달러의 오르내림 방향과 주식, 아파트의 오르내림 방향이 같다. 즉 반비례 관계가 아니라 정비례 관계로 움직인다.

물론 각종 원자재도 마찬가지이다. 따라서 각 경제 주체는 달러의 방향과 주식, 아파트, 주요 원자재의 움직임 방향이 언제 같아지는가를 판단해 내면 롱텀디플레이션의 시발점을 찾은 것이 된다.

다시 말하지만 앞의 그림은 2009년부터 2019년까지 약 11년간의 일본 엔·달러의 시세 및 이에 따른 니케이지수의 변화와 일본 주택지수의 변화를 같은 연월의 상황을 비교한 그래프이다.

3가지 그래프들이 대체로 흡사하지만 2012년 이후를 보면 훨씬 더 흡사한 모양을 보여 주고 있다. 즉 싱크로율이 상당히 높음을 알 수 있다.

이때부터는 달러와 자산들의 투자 방법을 완전히 거꾸로 해야 한다. 이 증거는 필자의 이 주장을 완전히 믿어도 된다는 뜻이기도 하다.

이를 보면 아베노믹스의 롱텀디플레이션 퇴치 시도 방향은 옳았다. 2008년 서브프라임 사태 이후의 미국 FRB의 버냉키 의장의 조처를 보고 배웠지만 아베노믹스의 방향은 옳았었다.

근 30년 만에 필자만이 찾아낸 롱텀디플레이션 대처법이다. 결론적으로 엔화 가치를 떨어뜨리려는 아베노믹스는 아직도 진행형이긴 하지만 실패한 것으로 보인다.

왜 이런 현상들이 나타나는가를 분석해 내면 롱텀디플레이션의 퇴치 방법을 찾게 되는 것이다. 이를 통해 롱텀디플레이션이 진행 중일 때에는 기존의 투자 방법과는 180도 다른 투자 방법을 좇아 투자해야 된다는 것을 알게 된다.

타성에 젖어 예전의 인플레이션 시절이나 숏텀디플레이션 시절처럼 부동산이나 주식을 장기간 보유하기만 하면 부자가 되던 시절에만 젖어 있는 투자자는 약 30년 후 지금 자산 가격의 약 20%로 폭락한 자기 재산을 보게 될 것이다.

이렇게 시간이 지나면 지날수록 투자자산들이 폭망해 가는 투자를 피하고 오히려 재산을 10배 이상으로 불려 줄 투자법을 찾는 것이 이 책의 목표이다. 2009년 이후의 일본 내의 달러 가격과 니케이지수 및 일본 주택지수는 전부 오름세이다.

정상적인 경제하에서는 달러 가격이 오르면 주식과 부동산 원자재 가격은 내려야 하는데도 아직은 롱텀디플레이션이 진행되고 있으므로 달러 가격도 오르고 주식도 오르고 부동산도 오르는 기이한 현상이 지속되고 있는 것이다.

일본의 롱텀디플레(2009~2019) 중 엔과 니케이지수, 주택지수의 싱크로율은 [그림 7]처럼 상당히 높음을 알 수 있다.

아베노믹스란 결국 엔화의 하락을 유도하는 것인데 엔·달러 가격은 2012년부터 일시적으로 약세를 나타낸 적이 있으나 그 이후 다시 엔화는 강세를 지속 중이다. 2021년 6월 초 1달러는 아직도 109원대이다.
헬기로 돈을 퍼부어도 엔화는 아직도 강세를 유지하고 있다는 이 사실은 바로 아베노믹스가 실패했음을 의미하는 것이다. 또한 이 말은 아직도 일본의 롱텀디플레이션이 진행 중에 있음을 의미한다.

그럼 이제는 구체적으로 1929년의 미국 대공황이나 1990년 이후 30년간 지속되는 일본의 롱텀디플레이션 기간 동안 정말로 달러와 주식 아파트의 하락이 80~90%까지 지속되는가를 다음 챕터에서 하나하나 검증해 보기로 하자.

이것이 검증되면 롱텀디플레이션 시에 투자할 투자비법이 탄생하는 것이다.

챕터 6

부의 몰락의 구체적 사례:
미국 대공황, 일본의 롱텀디플레 후
80~90%대 폭락한 주가와 아파트 가격

아베노믹스로 2012년부터 무한정으로 풀어 댄 돈과 관광객 증가 등으로 주로 대도시의 상업지역 토지가 27년 만에 조금 올랐다. 하지만 제대로 알아야 한다. 우선 아래의 그래프 두 가지를 보자!

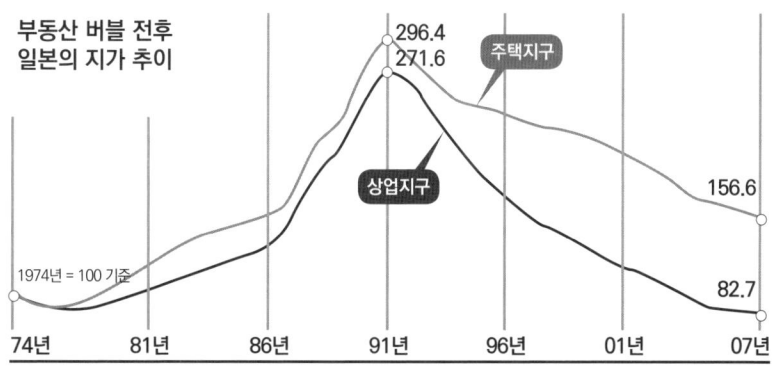

[그림 8] 1990년 거품붕괴 전후 일본 지가 추이(자료: 일본 국토교통성)

[그림 8]을 보면 우리가 필요로 하는 현재까지의 토지가격 변동치를 보여

주지 못하고 2007년까지만 제공된다. 이 그래프는 1974년을 100으로 본 그래프이다.

2007년 현재의 상업지역 토지가격은 1974년, 즉 45년 전의 시세와 비교해서도 약 17.3%나 하락한 가격이고 1991년의 최고치와 비교해서는 아직 69.6%나 폭락해 있음을 알 수 있다.

반면 주택용 토지는 34년 전인 1974년에 비해서는 56.6% 오른 가격임을 알 수 있다. 그러나 2007년 현재 아직도 1991년 최고 가격과 비교해서는 47.1%나 폭락한 가격임을 알 수 있다.

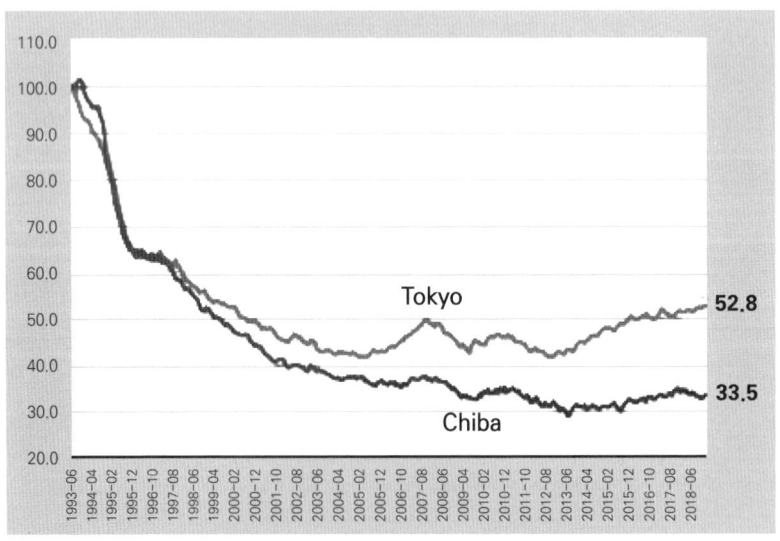

[그림 9] 도쿄와 지바신도시 아파트 가격지수. 1993=100(자료: 일본 부동산연구소)

[그림 9]의 주택지수는 1993년부터 2018년까지 도쿄와 지바 신도시의 맨션(우리의 아파트에 해당)의 장기 가격 그래프이다.

주택가격(토지 + 건물)은 2010년과 비교해서는 2018년 현재 약 12.5% 올랐음을 알 수 있다.

참고로 [그림 8]과 [그림 9]는 논리 전개상 중요한 자료여서《일본인의 눈물》책에서 그대로 전제한다. 추후 자세히 출처를 밝힐 예정이다.

얼마 전 일본은 27년 만에 토지 가격이 올랐다고 호들갑을 떨었지만 도쿄와 지바신도시의 아파트 가격은 버블붕괴 3년 후인 1993년 6월 시세와 2018년 6월 현재 가격을 비교해 보면 아직도 도쿄는 66.5%, 지바신도시는 47.2%나 폭락한 상태임을 [그림 9]로 알 수 있다.

참고로 지바신도시와 도쿄의 주택지수는 1993년 6월 시세를 100으로 본 그래프이다. 우리는 한국 내의 일부 호사가들의 말에 현혹되지 말고 기사를 정확히 읽어야 판단을 그르치지 않게 된다.

일본은 금년이 버블붕괴 30여 년이 막 지난 해이다.
실제로 버블붕괴 시에는 부동산이나 주식은 약 3~5년 정도 큰 폭의 폭락 시세를 나타난다.

[그림 2]의 니케이 지수를 보면

1990년 1월 38,915

1995년 6월 14,517

2009년 2월 7,568로

1995년 6월에는 최고지수 대비 약 62.7%,

2009년 2월에는 1990년 최고지수 대비 80.5%나 폭락했음을 볼 수 있다.

몇 년 전 토지가격이 27년 만에 올랐다, 라는 일본발 단신 기사는 비교한 기준시점이 언제이냐를 무시하고 비교한 착시 현상의 결과이거나 이를 간과한 일본 관급 기사의 단순 전제 기사로 보아야 한다.

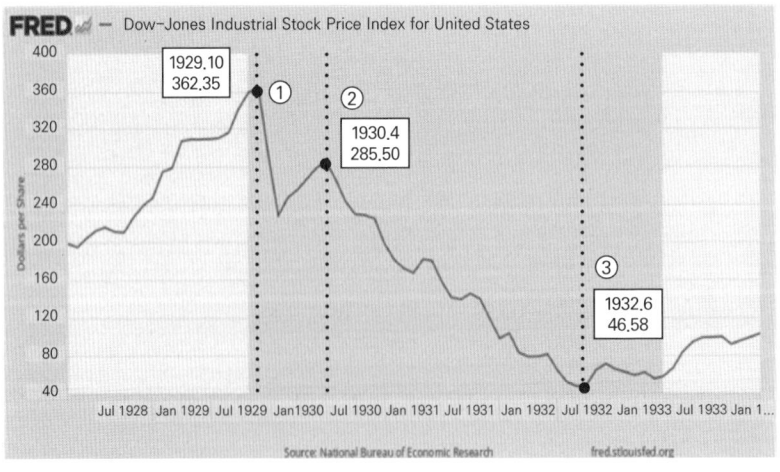

[그림 10] 다우존스 지수

[그림 10]은 1929년 미국 대공황 당시의 다우존스 그래프이다. 1930년 4월 285.50포인트였던 다우존스 지수는 1932년 6월 불과 2년 3개월 만에 46.58포인트를 기록하여 83.7%가 대폭락하였음을 볼 수 있다.

다우지수는 1929.10월 최고지수인 수직점선 ①의 362.35포인트와 최저지수인 수직점선 1932.6월 ③의 46.58과 비교하면 무려 87.1%의 대폭락이 왔다.

그러나, 1930년 4월부터 다우가 폭락한 것으로 보는 것이 일반적이므로 우리도 1932년 6월까지 다우지수가 83.7% 폭락한 것으로 간주하기로 하자. 이런 경우에 이 자금을 현금 및 현금등가물인 맥쿼리인프라 펀드나 국채, 은행예금, 주택연금 등에 가입하였다면 남들의 부가 일시에 83.7%나 몰락해 갈 때 반대로 짜릿한 수익률을 올릴 수 있었음을 알 수 있다.

즉 상대 가치가 83.7% 폭등하고 절대 가치도 배당금 등으로 오히려 조금씩 늘어나 부의 차이는 극대화될 것이다. 즉 롱텀디플레이션을 대비한 투자자와 일반 투자자의 수익률 차이는 상상을 초월한 차이가 나게 된다.

이것이 바로
《부의 몰락! 원화의 저주, 공포의 LTD가 온다》를 미리 읽고 롱텀디플레이션에 관한 지식을 다져 놓아야 할 이유인 것이다. 이번에 찾아온 롱텀디플레이션이야말로 노동자에서 자본가로, 빈자에서 부자로 대변신을 할 기회인 것이다.

저자가 주창하고 입증한 다이아몬드형 달러투자법에 따라 주식과 부동산의 가격변화율은 거의 같다.

따라서 롱텀디플레이션이 왔음에도 지나온 70년간의 인플레 시절의 투자 방법처럼 재산을 그냥 장기간 보유하기만 해도 이제는 평균적으로 재산이

80%가 폭삭 줄어드는 것이다.

미국이나 일본처럼 재산 가격이 80%나 폭락할 때 살아남을 수 있는 사람은 아무도 없다. 현대인들은 은행융자금이나 신용을 쓰기에 자기자금은 누구나 50% 이하이기 때문이다. 이 정도 폭락하면 자기투자자금은 이미 없어지고 은행 빚만 그대로 남은 상태가 된다.

완전한 깡통 투자자가 된다. 게다가 한·중·일은 빚을 갚을 때까지 대출자의 다른 자산까지도 임의 압류할 수 있는 소구형 주택담보대출 제도를 쓰고 있으므로 채무자는 빚을 다 완제하기 전에는 꼼짝할 수도 없다.

평소 공부하지 않고 상속이나 단지 부동산의 장기 보유로 부자가 된 기존의 단순한 부자들은 타성에 젖어 이런 사실을 익히지 못할 가능성이 훨씬 더 많다. 그들은 레버리지를 활용하여 단지 장기간 보유함으로써 재산을 성공적으로 불려 왔기 때문이다.

이르면 2021년 말까지, 늦어도 2023년 말까지는 모든 재산을 현금 및 현금등가물로 교체해 둬야 함을 알면서도 이에 대비하지 않는다면 가난뱅이가 되는 것은 당연하다고 하겠다. 이러한 사실들은 저자가 최초로 연구하고 증명하고 입증한 것들이다. 다른 책, 어느 누구에게서도 얻을 수 없는 정보란 뜻이다.

결론적으로 투자자는 이처럼 이미 지난 과거는 물론 안 보이는 미래도 미리 알고 대비할 줄 알아야 한다.

챕터 7

일본식 롱텀디플레이션, 누구도 피해 갈 수 없다

1980년대 들어 3저 호황으로 부동산과 주식 투기 열풍이 전 세계에 불게 되었고, 일본은 1985년 플라자합의로 인해 엔화 가치가 급등하면서 경기가 갑작스럽게 침체되자 경기부양을 위해서 대출 규제를 완화하여 금리를 신속하게 끌어내리게 된다.

호황 시절에 소니는 미국의 자존심이랄 수 있는 미국 영화사인 컬럼비아 픽처스를 인수하고 파나소닉은 유니버설 픽처스를 인수하였다. 일본의 부동산 재벌은 뉴욕의 상징인 엠파이어스테이트 빌딩을 인수하였다.

특히나 미국 자본주의의 상징이었던 '록펠러센터'가 넘어갈 때는 미국인들은 제2의 진주만 공습이라고 말할 정도로 충격적으로 받아들였다. 당시에는 전 세계 억만장자 중 70%가 일본인이었다.

뉴욕의 플라자합의 약 5년 후인 1990년 1월 4일. 주식시장이 열리자마자 니케이지수는 폭락하기 시작했다. 이후 1990년 4월 1일부터는 부동산이 대폭락을 시작하였다. 집을 팔아도 대출금을 갚지 못하는 깡통주택이 대량으로 발생하면서 유탄을 맞은 은행이나 보험회사, 증권회사 중 다수가 부도처리 되었다.

[그림 2]처럼 니케이지수는 급등한 후에 약 80% 폭락했음을 그래프로 확인할 수 있다. 거기에다가 롱텀디플레이션으로 장기간 저성장 시대가 도래했으므로 주식은 철저히 차별화되었다.

[그림 2]처럼 토지지수는 약 90% 폭락했다. 토지지수는 제공되지 않아서 비교가 안 되지만 폭락했을 것으로 추론할 수 있다

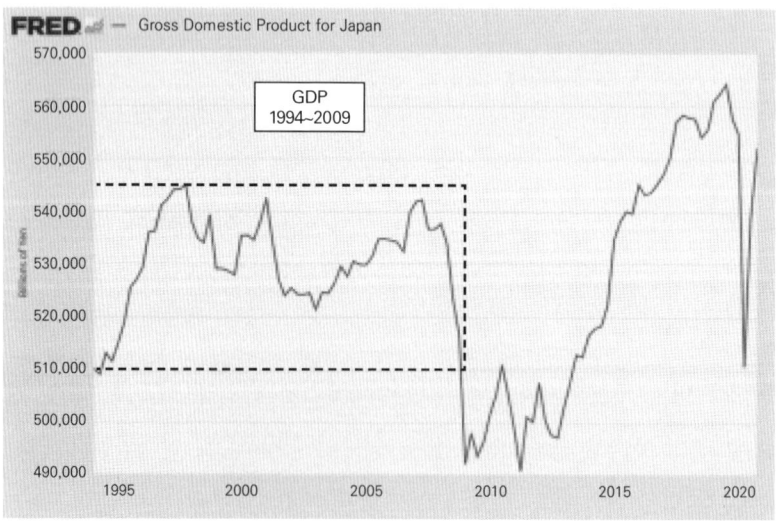

[그림 11] 일본의 GDP 추이

반면에 엔화 가치는 지속적으로 올랐다. 이에 따라 해외에 투자되었던 약

3조 5천억 달러는 환차손으로 일본 국내로의 반입이 거의 불가능해졌다. [그림 11]처럼 GDP는 2008년 금융위기 전까지는 박스권 내에서 오락가락하며 큰 변동이 없었음도 확인할 수 있다.

일본의 몰락은 일본 내 달러 가격의 지속적이고 끊임없는 하락, 생산활동 경제인구의 감소, 정부 부채 때문이다.

2020년 9월 16일, FOMC(연방공개시장위원회) 회의에서 제롬 파월 미국 연방준비제도(Fed, 연준) 의장은 2023년까지는 제로금리(현재 0.00~0.25%)인 기준금리를 유지하겠다고 공언했다.

기간, 즉 언제부터 언제까지라고 정확히 정해서 밝히진 않았지만 1년 혹은 1년 이상 물가상승률(인플레율)이 2%를 넘지 않는 한 금리 인상은 없다고 발표한 것으로 보면 된다.

인플레율 2% 이상이 12개월 지속되어야 평균 2%가 되므로 월 기준으로는 2%가 넘는 물가상승률도 용인된다. 즉 선제적으로 대응하지 않는다고 말했다. 그동안 인플레를 막기 위해서 선제적으로 올렸던 금리 인상 조치는 공언한 대로 연준위원들 중 다수인 13명이 2023년까진 그럴 것이라고 답했다.

결국 2023년까진 현재 금리를 유지한다는 뜻이다.
미국 연준은 이제 인플레 파이터에서 디플레 파이터로 방향 전환을 하게 된 것이다.

유럽도 미국과 마찬가지로 돈을 쏟아부었지만, 이 기사들의 제목만 봐도 다가올 경기침체는 실감이 난다.

"돈 쏟아부었지만, 유럽 'D의 공포'"(하현옥, 〈중앙일보〉, 2020.09.03.)

"루비니 교수 '미중, 아시아 국가에 누구 편이냐 압박할 것'"(권영미, 〈news1〉, 2020.05.23.)이라는 제목의 기사에서는 "코로나로 10년간 경기침체 올 것"이라고 주장한 바 있다.

성장률 전망은 1929년 대공황 수준이다. 전문가들은 거의 다 코로나 19의 영향 때문이라고 진단한다. 그러나 필자의 시각은 많이 다르다. 물론 코로나-19가 경기를 더 위축시켜서 롱텀디플레의 본격화를 앞당겼을 수는 있었어도 오롯이 코로나-19 때문에 전 세계에 디플레가 찾아오는 것은 아니다. 공교롭게 이 두 현상이 겹치게 된 것이다.

더 이상 인플레가 진전될 수 없을 지경에 이르러서 그런 것이다. 즉 이미 전 세계가 롱텀디플레에 들어와 있는 데다가 코로나-19가 더해져 경기침체의 속도를 가속화하고 있다. 인플레가 더 이상 진전될 수 없는 이유는 빚이 너무 많기 때문이다.

각국 중앙은행에서 본원통화를 무한정(?) 공급해도 시중 은행들이 더 이상 신용을 창조할 수가 없을 만큼 이미 돈은 풀려 있는 상태인 것이다. 은행은 받을 수 있는 사람에게만 돈을 빌려준다. 중앙은행에서 아무리 돈을 풀어도 받을 수 없을 만한 사람에겐 절대로 빌려주지 않는다. 즉 통화량이 늘어나지 않는다.

코로나-19 이전에 이미 전 세계는 이 위치에 와 있었다. 더 이상 돈을 빌려줄 회사나 사람이 없어진 것이다. 그래서 미국의 금융위기 시에 4조 5천억 달러를 풀었지만 이 돈은 다시 미국 연방준비은행으로 되돌아온 것이다.

코로나-19 여파로 트럼프 대통령 시절에 9천억 달러를 푼 이후 바이든 대통령 초기에 1조 9달러를 또 풀었다. 전문가들은 바이든 정부에서 연이어 2조 달러를 풀고 또 2조 달러를 더 풀 것으로 예측하고 있다.

인류는 미국 대공황 이후 약 70년간 인플레 경제를 즐겨(?) 왔다. 은행들은 담보를 잡아야 돈을 빌려줄 수 있는데, 그동안 잡힐 수 있는 모든 담보는 전부 은행들 손에 들어가 있어, 정부에서 돈을 풀어도 담보능력(담보능력 + 신용능력)을 갖춘 곳이 전부 없어져 돈을 빌려줄 수 없는 것이다. 즉 신용창조가 되지 않는다.

물론 정부의 규제도 돈이 필요한 사람의 담보력을 줄이는 데에 한몫한다. 바로 DTI, LTV로 제한시켜 놓았다. 이를 풀어 준다고 해서 무작정 유동성이 늘어나지도 못한다. 바로 담보 부족과 상환능력 부족 때문이다.

일본의 롱텀디플레는 엔화가 내려도, 즉 달러가 꾸준히 내려도 수출은 여전히 잘되며 국내 물가도 계속 내리고, 장기적으로 물가는 폭락한다. 달러가 내리면 부동산과 주식이 올라야 하는데 부동산도, 주식도 폭락하였다.

1990년 1월 1일, 보다 더 정확히는 1988년 12월경에 불현듯 닥친 일본의 롱텀디플레 현상은 [그림 2]를 통해서 바로 확인할 수 있다.

기존 숏텀디플레, 즉 일반적인 불황 때의 이론과는 완전히 다르다. 이런 현상들은 기존의 경제학 이론으로는 설명할 수도 해결할 수도 없다. 그래서 일본의 30년 이상이나 지속되는 롱텀디플레이션을 아직도 해결하지 못한 것이다.

앞 챕터에서도 얘기했지만 해리 덴트의 《2018 인구절벽이 온다》라는 책에서 그가 주장하는 인구절벽만으로 세계적 디플레가 온다는 주장은 너무 지나치다.

인구절벽도 당연히 소비 감소로 인해서 디플레적 요소가 발생되긴 하나 이 인구 감소 하나만으로 일본의 롱텀디플레가 30년간 진행되고 있는 것은 아니다.

일본 롱텀디플레이션의 가장 큰 원인은 무엇보다도 일본의 전 산업, 전 제품을 무차별적으로 내리게 하는 지속적인 엔화 강세인 것이다.

엔화 강세, 즉 달러 약세는 일본 내 모든 물건의 가격을 무차별적으로, 일률적으로 내리게 만든다. 해리 덴트가 놓친 것은 바로 이것이다. 인구 감소로 인한 비용감소분, 즉 디플레는 아주 미미한 것에 불과하기 때문이다.

엔화의 저주란 경제여건이 좋지 않은데도 통화가 강세를 보여 일본의 경제상황이 악화되는 것을 말하는데, 일본의 롱텀디플레이션의 원인 중 가장 큰 원인은 엔화 강세, 그다음으로는 생산활동가능인구의 감소이다. 마지막으로 빚이 너무 많기 때문이다.

일본만 빚이 많은 것이 아니라 작년 말 현재 전 세계의 빚은 약 30경 원으로 전 세계 200여 개국의 GDP의 3.65배나 된다. 전 세계인이 버는 돈을 3년 8개월간 한 푼도 안 쓰고 갚아야 할 정도다.

현재에는 빚과 자산 가격이 동시에 늘어나고 있지만, 곧 일본처럼 버블붕괴와 함께 전 세계가 원화의 저주, 공포의 롱텀디플레이션 전쟁으로 진입하게 된다고 본다. 특히, 일본식(日本式) 롱텀디플레를 한국(韓國)도 피할 길이 없는 이유를 살펴보자.

첫째, 원화 강세가 제일 큰 이유이다.
원화 강세의 원인과 강도는 〈챕터 9. 달러가 전부다〉에서 자세히 설명한다. 일본의 엔화 강세처럼 한국의 원화 강세도 지속적으로 우리 경제를 괴롭힐 것으로 보인다.

둘째로는 역시 생산활동가능인구의 감소 문제임은 말할 것도 없다. 그러나 단어 그대로가 아니라 소비활동가능인구로 이해해야 한다.

마지막으로 역시 빚 문제이다.

우리나라 정부와 기업, 가계 부채를 합치면 약 5천조 원으로 GDP의 약 2.8배나 된다. 가계 부채는 GDP의 100.9%로 미국의 81.2%, 주요 선진국의 78%보다 높은 수치다. 문제의 일본은 266%다. 가계 부채가 커지면 원금과 이자를 갚아야 하니 이 또한 소비를 줄여 갈 수밖에 없는 요인이다.

버블이 꺼져도 빚은 그대로 남으니 이 빚으로 다시 침체된다. 이것이 부채디플레이션을 초래하게 된다. 이는 전 세계적인 현상이 되어 전 세계가 불황에 빠져들게 된다. 현재 국내 GDP 대비 전 세계 부채 수준이 2006년 금융위기보다 높다. 이번 위기는 충격이 너무 클 것으로 본다. 바로 롱텀디플레이션이 온다.

가계, 기업이 채무불이행 때는 늘 그랬듯이 은행 등 금융권부터 타격을 입을 것은 당연하다. 맥킨지 보고서를 참조하면

2024년까지 은행권은 2~4조 달러의 수익손실을 볼 것이라고 예측한 바 있다. 다가올 롱텀디플레이션의 그림자를 시장은 이미 읽고 있는지도 모른다. 은행, 증권, 보험 등 금융권이 현재에는 수익을 내고 있지만 주가는 힘이 없는 것처럼.

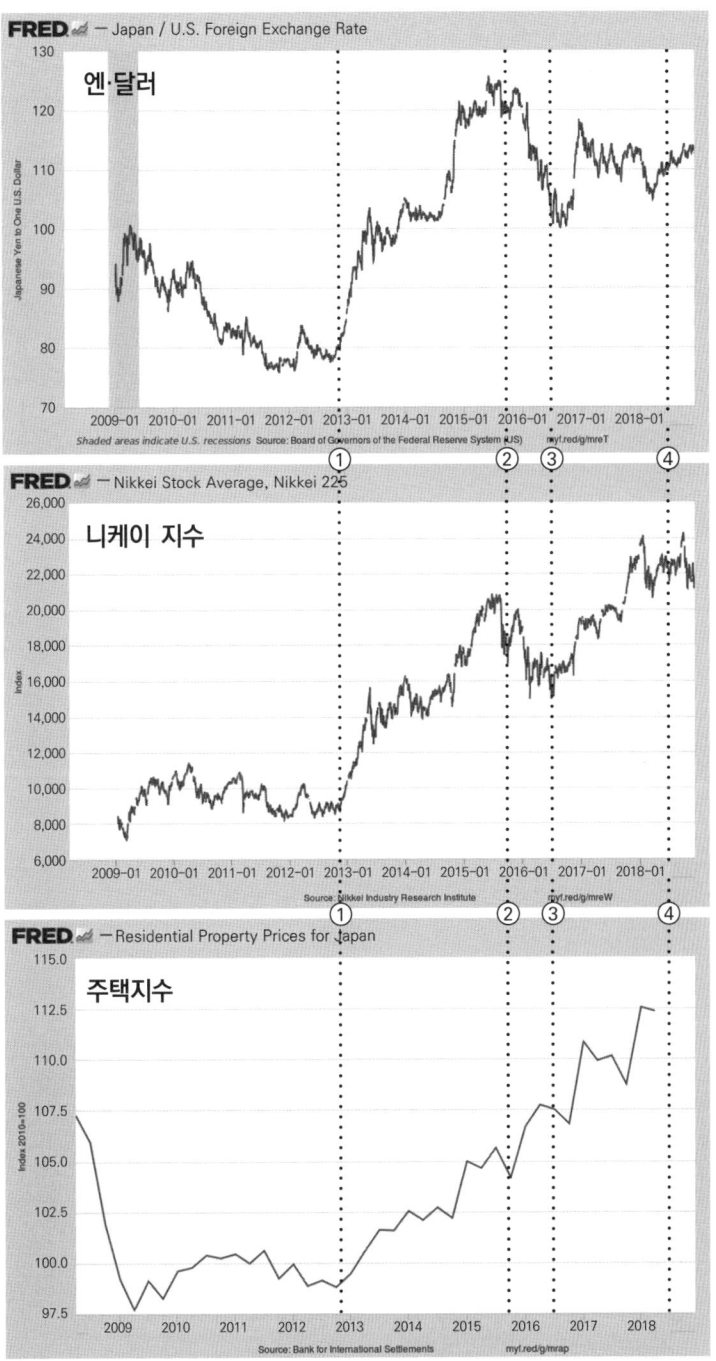

[그림 12] 11년간(2009~2019) 롱텀디플레 중 니케이지수와 엔화환율, 주택지수의 변동

[그림 12]를 자세히 보자. 엔화가 오르면 니케이지수도 오르고 일본 주택지수도 올랐다.

거의 비례 관계로 올랐다. 그동안 다이아몬드 달러투자법에 따라서 투자하면 되었던 엔화의 가격 변동에 따른 주식과 부동산에의 투자기법과는 완전히 반대로 해야 함을 알 수 있다.

일본 분석으로 향후 30년 정도의 한국의 아파트와 주식 등의 가격을 FRED의 초창기 그래프를 통해서 투자수익을 예측하고 검증할 수 있다. 장장 75년간 일본을 분석하여 한국에 대입하여 한국의 아파트 주식의 미래 가격을 예측할 수 있다.

일본의 이 사항들은 한국에 다가온 원화의 저주 시절에 똑같이 투자해야 성공함을 알려 주고 있다. 기존의 고정관념을 완전히 버리고 투자해야 살아남고 큰 투자수익을 거둘 수 있다. 어느 누구도 이렇게 롱텀디플레 시절의 투자기법과 숏텀디플레 시절의 투자기법이 180도 달라져야 함을 알지 못한다. 왜냐하면 필자가 처음으로 분석하여 찾아내서 분석한 결과이기 때문이다.

[그림 2]와 [그림 12]를 같이 연상하며 기억해 두어야 할 것이 있다. [그림 2]를 통해 48년간 일본의 엔·달러, 니케이지수, 일본의 주택지수의 3자의 관계를 초장기 비교를 할 수 있다. [그림 12]는 18년간 일본의 엔·달러, 니케이지수, 일본의 주택지수와의 3자의 관계를 분석한 그래프이다.

이렇게 그래프를 2개로 나눠서 비교하는 이유는 일본의 주택지수가 2009년부터 집계되고 발표되었기에 48년간 일본의 엔·달러환율, 니케이지수와 주택 가격의 변동을 비교할 일본의 주택지수가 없기 때문이다.

혹자는 이렇게 묻는다.
그 많은 나라 중에서 왜 가장 사례가 안 좋은 일본과 한국의 장래를 비교하느냐고….

전 세계 3050 회원 정도가 되어야 진정한 선진국이며 그 정도가 되어야 경제정책과 인구정책 등이 제대로 먹히는지 분석 가능하기도 하거니와 인구 문제, 부채 문제 등을 비교 대상으로 삼을 수 있는 나라가 된다. 즉 한국과 일본은 가장 좋은 비교 대상이다. 게다가 같은 제조업 기반 국가이며 모든 면에서 경쟁 상대이다.

흔히 일반인들과 지식인 중 일부 학자들은 불문곡직하고 우리는 일본과 다르다고 말한다. 민족, 섬과 육지, 언어 등등은 당연히 다르다. 하지만 경제기반, 즉 엔화 강세와 원화 강세, 인구 변화문제, 부채 문제 등등이 비슷하다. 이 정도로 비슷해야 비교 대상이 된다.

이번 파동을 끝으로 재산을 현재 형태대로 그대로 두면 재산 가치가 20%로 줄어들지만 제대로 대처하면 10배 이상으로 불릴 수 있는 것이 바로 롱텀디플레이션이다. 일본을 읽고 30년의 시간차 공격이 필요한 것이다.

따라서 진정한 공포의 D는 지금 오르고 있는 주식과 아파트가 2023년까지 앞으로 30~50% 더 폭등한 뒤의 얘기다. 거품 붕괴와 함께 롱텀디플레가 본격화된다. 폭락할 때 대처하면 될 듯하지만, 미리 투자 방향과 방법을 연구해 두지 않으면 대처할 수 없다. 그래서 미리 공부해 두고 투자 결행을 다짐해 둬야 한다.

일본에는 이제 투자할 곳도 없다.
부동산, 주식은 평균 80%가 폭락한 후 아베노믹스로 30년 전 시세를 회복 중이다. 일본의 현재 은행 예금 이자는 0%대다. 대출이자도 0%대에 불과하다. 국채이자는 마이너스이고 사고 싶은 국채도 매물이 없다.

곧 한국도 일본처럼 투자할 곳이 없어진다.
한국의 제로금리(대출이자, 예금이자) 시대는 2023년이 원년이 될 것 같다. 제로금리라니까 은행에서 무이자로 돈을 빌려 월세투자를 하면 수익성 부동산이 돈이 될 것 같지만 일본이 30년간 그랬던 것처럼 이는 죽음에 이르는 길이 된다는 사실을 미리 안내한다. 이것이 바로 롱텀디플레다. 이것이 바로 불황형 흑자이다.

이번의 대위기는 노동자에서 자본가로 변신할 수 있는 마지막 한 번의 기회다. 1990년 이후의 일본의 주식, 부동산, 해외투자의 경제 흐름을 48년간 시계열 분석해 보면 지금 미래의 한국에서의 투자요령이나 베스트 투자처를 미리 알 수 있는 것이다. 바로 1990년에 엔화의 저주가 나타났듯이 이제 곧 원화의 저주가 나타난다. 늦으면 2023년이다.

똑똑한 재벌은 이미 이를 알고 있기에 부동산을 처분하고 현찰을 준비하고 있다. 일본을 보고 미리 롱텀디플레 시의 투자학을 공부하여 대처하면 월급쟁이와 가난뱅이가 노동자에서 자본가로 변신할 수 있는 신분 상승의 기회가 온다.

폭염 때 겨울을 준비해 둬야 한다. 지식으로 준비하지 않은 자에게는 롱텀디플레는 기회가 아니라 공포의 'D'가 된다는 사실을 잊지 말아야 한다.

챕터 8

화폐수량설과 현대화폐이론

경제학 교육을 받은 적이 없더라도 성인이 되면 '통화량이 증가하면 물가가 오를 것'임을 알고 있다. 어빙 피셔의 '화폐수량설(quantitative theory of money)'이다. 화폐공급량의 증감이 물가수준의 등락을 정비례로 변화시킨다고 하는 경제이론을 화폐수량설이라고 한다.

화폐수량설을 지지하는 주류 경제학의 설명대로라면 2008년 이후 2020년 3월부터 시작된 코로나-19 경제위기 이후에 중앙은행이 통화를 대규모로 공급했으므로, 신용창조로 몇 배의 예금(M2)이 창조되었어야 한다. 또한 실물경제에 돈이 풀렸으므로 민간투자가 활성화되고 실업률이 줄고 GDP가 크게 증가했어야 했다. 하지만 그런 일은 일어나지 않았다.

그렇지만 역시 늘어난 본원통화는 실물경제로 흘러가지 않고 Fed로 돌아와 '초과지급준비금'으로 쌓였다. 이 사실은 '통화량이 증가하면 인플레이션이 높아진다'는 통념이 이상 작동하고 있음을 의미한다.

현대통화이론(Modern Monetary Theory, 약칭 MMT)을 한마디로 요

약하면 이렇다. MMT는 1970년대 미국 워런 모슬러가 주창한 이론이다. 2008년 세계 금융위기 직후 미국 중앙은행인 연방준비제도가 4조 5천억 달러의 양적 완화를 지속했는데, 지난 100년 동안 연준이 공급했던 달러보다 두 배나 많은 금액을 불과 2년 사이에 풀면서 이 현대화폐이론이 주목받기 시작했다.

연준이 통화량을 전무후무하게 공급하는데도 인플레이션은커녕 디플레이션 조짐이 커졌고, 이 때문에 전통적인 화폐이론인 화폐수량설은 현실에 적합하지 않다는 비판이 거세게 일었다. 실제로 Fed, ECB, BOJ 할 것 없이 인플레이션은커녕 오히려 디플레이션에 시달리고 있는 지금이다.

그러나 시중은행들은 신용창조를 못 해냈다. 즉 빌려준 돈을 받을 만한 신용(담도든 신용이든)을 가진 자가 없어 그들이 좋아하는 대출을 못 해 준 것이다. 받지 못할 돈을 빌려줄 은행이 어디에 있겠는가? 필자가 보기엔 MMT 이론은 황당한 주장에 불과하다. 화폐수량설은 영원한 것이다.

만약 미국이 달러를 회수하기 시작하면 전 세계는 불황으로 직행한다. 이것이 바로 트리핀의 딜레마다. 미국의 경상수지 흑자규모가 늘어나면 세계의 달러 유동성(공급량)이 줄어들어 세계 경제가 위축된다. 달러를 회수해도 마찬가지로 트리핀의 딜레마가 일어나는 것이다.

2008년 금융위기로 풀린 미국 달러는 약 4조 5천억 달러다. 2020년 3월 코로나-19로 풀린 돈은 약 3조 달러가 넘는다. 이 돈들은 언제 회수가 가능할까? 전혀 회수하지 않아도, 즉 회수를 시작하기도 전에 이미 세계는 디플레 경제로 빠져들고 있다.

민스키 모멘트는 누적된 부채가 임계점을 지나면서 자산가치 붕괴와 경제위기로 치닫는 것을 말하는데 누적된 정부의 부채와 가계의 부채로 트리거만 당겨지면 하루아침에 전 세계는 민스키 모멘트에 빠져들 만큼 경제주체들의 빚은 더 이상 늘어날 수 없을 정도로 늘어나 있다.

한편 최근의 기사들을 보면 세계는 디플레는커녕 인플레를 걱정하고 있으며 많은 나라들이 자국의 경제성장률 예상치를 올리고 있음을 알 수 있다.

10~20년 이상 지속되는 디플레이션이 전 세계에 온다고 주장하는 자가 있는가 하면 인플레율과 경제성장률의 증가로 금리 인상을 걱정하고 있는 자들이 있다. 왜 이렇게 시각 차이가 날까?

바로 기저효과로 인한 것인데, 필자는 롱텀디플레이션이 진행 중인 과정에 경기부양을 위한 일시적인 중앙은행의 화폐공급 증가로 단기적인 인플레이션적인 상황이 발생한 것으로 본다.

거기에다가 경제성장률과 물가상승률의 상승은 코로나-19의 영향으로 경기가 크게 침체되었던 작년과 비교한 결과가 수치로 나타나는 것임에 불과하다.

현혹당하지 말아야 한다. 곧 2~3년 이내에 기저효과가 사라지고 담보 부족으로 신용창조가 불가능해지면서 세계 경기는 급속히 디플레이션 상황으로 돌입하게 된다.

전 세계 국가, 기업, 개인의 빚의 규모는 시중 은행들의 신용창조를 못할 정도여서 은행의 신용창조 기능이 없어질 정도임을 알아야 한다.

신용이나 담보가 늘어나지 않으면 중앙은행이 아무리 돈을 풀어 대도 신용창조를 통한 통화량의 증가는 미미하다.

받지도 못할 돈을 빌려줄 은행은 없다.
국가나 기업, 개인의 빚의 청산되지 않으면 새로운 신용이나 담보는 생겨나지 않는다. 은행들은 신용창조 역할을 할 수가 없다.

제 2 부

부의 이동

국민들의 부가 계층 간에 이동하는 시기는 전쟁, 금융위기, 인플레, 디플레 등이다. 선진국이 될수록, 즉 사회가 정적인 단계에 접어들면 계층 간 부의 이동은 거의 일어나지 않는다. 말을 바꾸면 가난과 부는 거의 다 그대로 세습된다. 어찌 보면 로또만이 유일한 희망이 되는 것이다.

절대적인 부와 상대적인 부를 생각해 볼 수 있는데, 롱텀디플레이션으로 모든 실물 자산의 가격이 10년 이상 급전직하로 추락하는 단계에서 현금 및 현금등가물을 가진 자의 부는 예금이자 등으로 절대적 가치도 늘어나지만 현금 등의 상대적인 가치는 기하급수적으로 늘어난다.

즉 디플레이션 시의 부는 실물 자산(부동산, 주식, 금 등) 보유자에게서 현금자산 보유자에게로 저절로 이동한다. 인플레이션 시에는 이와는 반대의 현상이 나타난다. 그동안 우리가 지켜보아 왔던 토지 신화나 부동산의 지속적인 상승이 바로 이 현상이었다.

디플레이션 중 롱텀디플레이션의 경우는 역시 일본의 예를 들지 않을 수 없는데, 잃어버린 30년 동안 실물 자산은 현금에 비해 약 380%나 하락하였다. 약 1/4 가격으로 폭락한 것이다.

1929년 대공황 당시의 미국의 예로 다시 확인해 보자. 상대적인 가치가

930%나 변동되었음을 확인할 수 있다. 전부 상대적인 가치의 변동으로 인한 부의 이동이다. 즉 부의 몰락이 오기 전에 부를 현금 및 현금등가물로 이동시켜 두는 것이 현명함을 알 수 있다.

따라서 5년 이상 지속되는 디플레이션인 롱텀디플레이션의 도래를 미리 알고 디플레를 이기는 투자수단으로 투자해 두면 재산을 4~10배로 늘려 가면서, 대처하지 못한 투자자들에 비해 세월이 갈수록 재산이 폭증하게 됨을 알 수 있다.

롱텀디플레 시에는 한마디로 '역(逆)다이아몬드 달러투자법'과 '빅사이클 순환투자법'에 따라서 투자해야 한다. 우리나라도 이미 부의 몰락은 시작되었으며 곧 부의 이동이 시작된다는 사실을 눈치챈 대표적 기업은 역시 삼성이다.

디플레 시에는 현금이 최고의 자산임을 아는 삼성은 이미 본사 사옥까지 팔아서 모은 현금 100조를 대기 중이다. 돈이 당장 필요한 것도 아닌데 왜 창업주의 혼이 깃들고 최고 명당이라는 삼성 본관을, 가진 현금성 자산의 1/100에도 못 미치는 5천800억에 팔았을까? 를 생각해 봐야 하는 시대다.

일본의 수도 도쿄에서 서쪽으로 약 30km 떨어진 곳에 조성된 다마 신도시는 도쿄 중심지인 신주쿠역까지 40분 거리다. 우리나라로 치면 서울에서 분당 신도시 정도의 거리에 있다. 1971년 입주를 시작한 신도시로 한

때 일본 수도권 부동산시장을 견인할 정도로 명성을 떨쳤던 인기 신도시다.

대중교통을 이용해 도쿄로 출퇴근이 가능하고 주변의 산업 및 공업 지역과 연계한 자족 기능까지 갖추면서 30~40만 명이 거주하는 대도시로 자리매김했다.

그 후 주택 가격도 당연히 무섭게 올랐다. 도로나 공원, 학교, 상업·문화 시설 등 각종 기반 시설이 체계적으로 갖춰지면서 이곳에 거주를 희망하는 수요자들이 몰렸기 때문이다.

하지만 1인 가구가 늘고, 직주 근접을 선호하게 되면서, 다마 신도시는 이미 오래전에 노인들의 도시가 되었다. 젊은 시절 입주를 시작했던 사람들이 그대로 집을 지키고 있어 그들은 노인이 되었고 후세들은 일을 찾아 도쿄 등 도심으로 떠나 아파트 소유주의 세대교체가 이뤄지지 못했다.

노인들이 대다수 거주하는 만큼 생산이나 소비생활이 이뤄지지 않아 도시 기능도 점점 쇠퇴했음은 당연하다. 주택 가격도 바닥을 모르고 추락하고 있다. 2000년대 이후 다마 신도시 상가는 26%가 문을 닫았고, 300여 곳이 넘던 초등학교도 절반 넘게 폐교했다고 한다.

도쿄까지 교통이 불편한 또 다른 신도시인 지바 신도시는 우리나라의 일산 격인데 베드타운(Bed Town) 역할만을 한다. 1979년부터 입주를 시작한 이 신도시도 사정은 마찬가지다. 주택 수요를 잘못 예측한 채 공급을 남발한 결과다.

중국의 몽골 인접 지역인 네이멍구 어얼둬쓰(오르도스) 신도시는 고층 아파트부터 쇼핑몰, 박물관까지 모두 문을 닫아 도시의 3분의 2가 비었다고 월스트리트 저널(WSJ)이 보도한 바 있다.

어얼둬쓰는 중국의 대표적인 구이청(鬼城, 유령도시)으로 꼽힌다. 중국 지방정부는 2020년까지 80만 명의 주민을 유치하겠다는 목표를 세웠다가 30만 명으로 크게 줄였다.

이 같은 중국의 유령 신도시는 50곳이 넘는다고 한다. 도시의 절반가량은 미완성 아파트이고 향후 20~30년간은 전망이 없다고 한다. 이렇게 많은 곳이 유령도시가 된 것이다. 상황이 이렇게 되자 중국 정부는 도심 재개발로 방향을 틀었다.

서울시도 도심 재개발로 방향을 틀고 있음은 주지의 사실이다. 출퇴근 시간 증가, 교통 체증, 주택 가격 상승, 자녀 교육 등 여러 가지 이유가 있지만 인구가 늘고 도심이 팽창할 시에 도넛형으로 커 가던 도시는 축소될 시에는 도심으로의 리턴(Return) 현상이 나타난다.

뉴타운·재개발·재건축 등 정비사업이 본격화되면서 구도심의 생활여건도 좋아져서 다시 도심으로 돌아오는 이들도 적지 않다.

문제는 한국도 일본과 비슷한 상황이라는 점이다.
2018년에 한국은 일본보다 빠른 속도로 총인구 중 65세 이상 인구가 14.8%에 도달해 고령사회에 이미 진입하였기 때문에 이에 대비해야 한다.

주민의 연령층이 다양하게 뒤섞여 있는 기존 도시와 달리 신도시는 비슷한 연령층이 비슷한 시기에 대규모로 입주했기 때문에 고령화 문제가 단기간에 급속히 나타나는 경향이 있다. 심지어 다마 신도시에 있는 후지미다이 단지는 30% 정도가 빈집으로 알려져 있다.

한국의 도심 회귀 현상도 가속화될 전망이다. 이에 따른 것으로 보이는 현상으로 서울 집값은 지방과 비교해서 더욱 가파르게 오르고 있다. 서울 아파트 가격이 지속적으로 오르는 이유로는 대기수요에 비해 턱없이 부족한 공급이 꼽힌다.

일본도 도쿄나 오사카 지역 도심은 조금씩 오르고 있다고 한다. 우리나라는 기존의 부동산 가격 상승 패러다임이 변하고 있는 것이다. 이제는 외곽이 아니라 도심이다.

결국 용적률 상향 가능성이 있는 서울 중심부 지역의 다세대 다가구가 밀집된 지역이 최대 투자 상품으로 부상할 가능성이 크다.

우리나라의 신도시는 일본의 사례처럼 재건축이 되더라도 교통 등의 이유로 주거지로서 기존 신도시의 인기가 떨어져 추가 입주자를 모집하기 어려워질 수 있다.

그러면 우리나라의 신도시들도 자연스레 노인의 도시로 변할 가능성이 많다. 또한 초과이익환수제 등으로 재건축 비용을 모두 주민들이 부담해야 하는 상황마저 오고 있어 더욱 문제다.

챕터 9

달러가 전부다!

미국에서는 화폐의 거래와 교환이 자유로우며 환율과 금리를 조작하거나 달러의 처분을 규제하지 않는다. 그래서 세계인들이 달러를 믿고 투자하는 것이다. 반대로 중국 위안화는 중국이 G2 국가이지만 기축통화는커녕 투자 대상으로도 꺼림칙하다. 힘들게 모은 전 재산이 정부의 규제로 하루 아침에 사라질 수도 있기 때문이다.

다이아몬드 달러투자법에 따르면 달러 가격이 모든 물건값을 결정한다. 달러 가격은 국제 가격과 국내 가격이 존재한다. 국내 가격은 어느 정도 각국 중앙은행이 조정을 할 수 있으며 실제로 그렇게들 하고 있다. 미국은 이 조정의 정도를 기준으로 하여 환율의 관찰대상국과 환율조절국으로 분류한다.

대개의 경우 수출을 늘리기 위해 각국 정부는 고환율정책을 추구한다. 이와 반대로 저환율정책을 도입한다면 국내의 수입물품 가격에 막대한 영향을 끼치게 된다.

달러 가격이 물건의 가격을 결정하기에 주식, 아파트가 앞으로도 50% 더 오르는 이유는 달러환율의 하락 때문이다. 미국을 대적할 나라는 100년 안에는 출현하지 못할 것이다. 중국은 미국과 무역이 단절되면 경제와 금융이 대혼란에 빠져 몇 달 버티지도 못한다.

전 세계 부의 1/4을 생산하고 인구는 4억에 가까우며 태평양과 대서양을 장악한 미국은 150여 개국에 군대를 파견하고 있을 정도로 막강하다. 달러는 거의 유일한 국제통화이다.

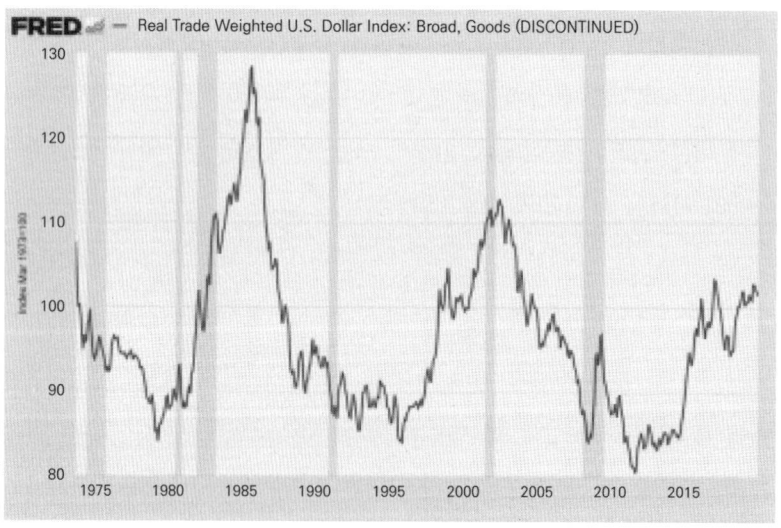

[그림 13] 달러의 국제 가격: 달러인덱스(1973.1~2019.12)

미국 달러는 미국 국내에서는 현금이지만 미국 밖에서는 제일 중요한 재산 중 하나이다. 국제간의 모든 거래는 거의 다 달러로 거래된다. 즉 미국 달러가 전부다. 달러를 알아야 재테크든 국가 경영이든 성공한다.

달러는 국제 가격과 국내 가격이 있다. 달러는 평상시에는 가격이 거의 변동이 없고 금융위기나 어느 국가 내에 위기가 발생하면 가격은 급등락한다. 국제 가격은 바로 달러인덱스 가격을 말한다.

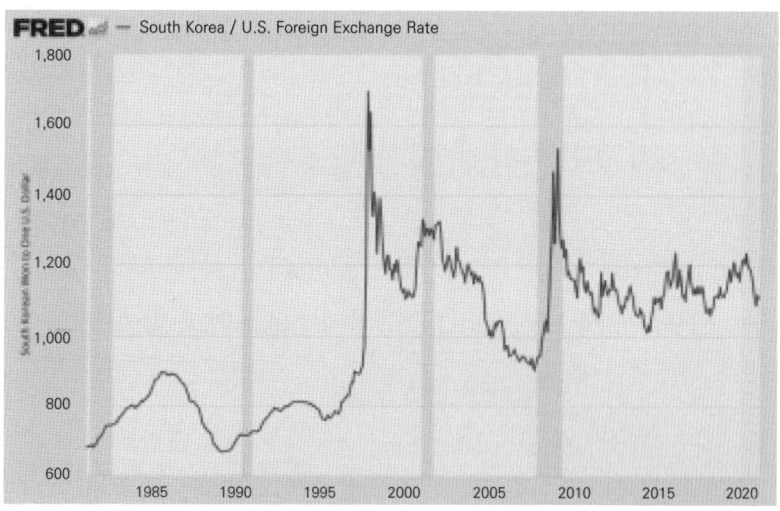

[그림 14] 달러의 한국 내 가격(1981.4~2021.4)

[그림 13]과 [그림 14]를 통해서 달러의 국제 가격과 국내 가격을 살펴보자. 달러인덱스 그래프를 보면 달러의 국제 시세는 거의 지속적으로 하락해 왔음을 알 수 있다. 앞으로도 달러 가격은 내릴 가능성이 더 많다. 어떤 나라가 경제위기에 처하면 우리나라의 IMF 때처럼 국내 달러 가격이 급등한다. 하지만 위의 그림들을 보면 국제 달러 가격은 국내 달러 가격과 연동되지 않음을 알 수 있다.

달러의 국제 가격과 국내 가격은 별 관계가 없으며 타국, 즉 예시된 일본 엔화와도 관계가 크지 않다. 앞으로 달러 가격은 약화됨을 미리 추론해 볼 수 있지만 달러 가격의 미래를 예측하는 것은 거의 불가능에 가깝다고 할 수 있다.

그러나 앞으로의 추세 변동을 판단하는 기준으로 하루 1.5% 정도의 큰 변동을 변곡점으로 쓰면 맞는다고 필자는 경험적으로 알고 있다.

앞으로의 달러 가격 하락에 관한 기사들을 살펴보자.

(1) 2020년 6월 19일자 〈BUSINESS plus〉의 "달러 '특권시대' 끝났다"라는 제목의 기사를 보면, 달러값 35% 추락은 불가피함을 알 수 있다.

(2) 〈한국경제〉의 2020년 9월 2일자 "추락하는 美 달러값… '앞으로 40% 더 떨어질 것' 관측도"라는 기사를 보면, 달러값은 2024년까지 유로화 대비 40% 더 떨어질 것으로 예측할 수 있다.

(3) 〈조선일보〉 2020년 8월 20일자 "달러 가치 10% 빠지고 금값 35% 뛰었다"란 제목의 기사를 보면, 코로나-19로 인해 달러 가치가 떨어지면서 달러패권이 흔들리고 있음을 파악할 수 있다.

이처럼 많은 전문가들이 달러의 가격 하락을 예측한다. [그림 13]처럼 실제로 달러인덱스 그래프를 따로 떼어서 봐도 달러값이 장기적으로 하락추세임은 분명하다. 달러 가치가 하락한다는 뜻은 각국의 화폐가치는 오른다는 것을 의미한다.

게다가 영국의 BP(British Petroleum)는 2020년 7월 초 중국에 이라크산 원유 300만 배럴을 인도하면서 중국 통화인 '위안화'를 받았다. 세계 주요 석유회사 중 원유를 '달러화'가 아닌 위안으로 거래한 첫 사례다.

"중국, 예상보다 5년 더 빨리 미국 제치고 세계 1위 경제대국 된다"란 제목의 2020년 12월 26일자 〈뉴스1〉 기사를 보면, 영국 싱크탱크 경제경영연구소(CEBR)는 연례 전망보고서를 통해 중국이 예상보다 5년 더 빠른 2028년 미국을 제치고 세계 1위의 경제 대국이 될 것이라고 전망했다.

그러나 IMF에 따르면 각국 중앙은행들의 외환보유액 중 위안화 비중은 아직은 2%에 불과하다. 달러 62%, 유로화 20.1%, 엔화 5.7%, 파운드 4.4%로 위안화는 제일 꼴찌이다.

달러값 40%가 빠진다면 투자자는 무엇을 해야 하나? 그냥 신문기사로 이해하고 아무런 대처도 안 하는 투자자는 없겠지만….

만약 달러가 40% 빠지면 롱텀디플레이션 때문인가 단순히 숏텀디플레이션(불경기) 때문인가를 판단해야 한다. 달러 가격 하락에 따라 내 투자재산에 엄청난 변화를 초래한다는 사실을 명심해야 한다.

중국 중앙은행인 인민은행은 세계 처음으로 '디지털 화폐'를 발행했다. 이것, 즉 디지털 위안화는 미국의 달러패권에 대한 중국의 도전장으로 보인다. 그러나 지금은 미국의 금융시스템을 벗어나서는 아무도 달러를 이용한 금융거래를 하지 못한다.

중국의 도전은 아직은 아니다. 하지만 장기적으로 중국의 디지털 화폐 기술이 확산되면, 중국과 거래하는 나라와 기업은 미국 금융시스템을 이용하지 않아도 되어 달러시스템이 약해지게 되므로 미국은 이를 예의 주시하고 있다.

〈챕터 10. 숏텀디플레이션 시대의 투자학〉의 [그림 17]을 보면 기이한 현상이 발생했음을 알 수 있다. [그림 17]은 2006년 1월 2일부터 2021년 2월 26일까지 약 16년간 달러와 금의 관계를 연, 월까지 정확히 맞춘 그래프이다.

기이한 현상인 금 가격과 달러의 정비례 현상은 개략적으로 [그림 17]의 ④ 이후에 나타나기 시작했다. [그림 17]의 ④는 2019년 11월경이다. 이때부터 2021년 2월 26일까지 약 1년 4개월간 달러와 금의 관계가 반비례 관계가 아니라 정비례 관계로 변해 있다!

달러와 금 가격의 상승과 하락이 같은 정비례 관계가 지속되고 있기 때문에 이미 세계적으로 디플레이션은 진행 중이다. 우리가 디플레이션이 진행 중임을 못 느끼고 있기 때문이다. 앞으로도 인플레가 될 것 같다고 달러의 하락을 예측하고 금을 사면 안 된다는 뜻이다.

월가에선 달러 가치가 지금보다 더 떨어질 것이라는 데 이견을 다는 전문가가 별로 없다. 그럼 [그림 17]처럼 앞으로도 금 가격이 더 떨어질 것이라고 예측하는 것과 같다. 관건은 얼마큼, 언제까지 하락할 것이냐이다.

달러가 1985년 일본에서 내린 것처럼 한국에서도 내린다면 가공할 일이 일어난다. 거품이 생성되는 마지막 1년 사이에 일본의 1988~1989년(1년간) 사이에, 즉 [그림 2]의 수직점선 ②와 ③ 구간의 니케이지수와 달러환율의 변동을 보면 각각 30% 급등했다.

달러와 주식, 아파트 등 여타 재화의 움직임을 비교하여 앞으로의 경기가 디플레이션이냐 인플레이션이냐를 예측할 수 있는 것이다. 즉 기이한 현상이 나타나 미래를 예측할 수 있게 해 준다.

달러가 진정 전부인 곳은 아르헨티나이다. 아르헨티나 국민들은 그들의 국내 부동산을 매매할 때에 그들의 화폐인 페소가 아니라 달러로만 거래한다. 단순히 환율 변동에 따른 가격 변동이 부동산의 가격에 더 큰 영향을 주므로 그들은 순수하게 수요와 공급에 따른 가격 변동분만 부동산에 반영하기 위해 이제 달러로만 부동산을 거래하는 것이다. 그만큼 아르헨티나 국민들은 현명해진 것이다.

같은 남미국가인 베네수엘라는 모든 생필품을 달러로만 거래하기 시작했다. 생필품에 적용되는 원리 또한 아르헨티나 부동산 거래 시에 적용되는 달러 가격 변동분을 제외하고 거래하는 원리와 같다.

달러 가격 변동이 극심한 나라들에서는 단지 달러 가격의 하락과 상승에 따른 가격 변동은 무시하고 단순히 수요와 공급에 따른 가격 변동만을 반영하여 재화를 거래하기 시작한 것이다. 대중은 현명하다. 그들이 옳은 것이다. 정부에서 시킨 것이 아니라 경험을 통해서 알게 된 것이다.

롱텀디플레이션하에서는 특히 역주행 투자를 하기 쉽다.
평상시, 즉 숏텀디플레이션과 인플레이션하에서 재산 가치가 있는 모든 것들은 달러의 방향과 반대쪽으로 가격이 형성되는 사실을 롱텀디플레이션 시에 그대로 적용해서는 안 된다.

모든 투자는 달러의 방향과 반대로 투자해야 한다고 주창하였다. 주식과 아파트, 달러, 국채 등등 전부 다 그렇다. 금, 은, 원유도 마찬가지다.

그러나 롱텀디플레이션에서 투자 방법은 또다시 반대로 바뀐다. 기존의 방법처럼 달러와 반대 방향으로 투자하면 바로 역주행 투자가 된다. 롱텀디플레하에서는 달러의 방향과 같은 방향으로 투자해야 살아남을 수 있다.

이 사항은 경제전문가들도 모르는 일이다.
이른바 금과옥조다. 바로 일본의 1990년 이후 약 40년간을 추적해서 도출한 결론이다.

2020년 9월 18일 원·달러 14.10원 급락⋯ 8개월 만 1,160원대로 서울외환시장에서 원·달러 환율은 전일 대비 14.10원 내린 1,160.30원에 거래를 마쳤다. 달러는 중장기적으로 하락추세를 면할 수 없다. 달러가 오르면 전 세계의 모든 주식과 아파트 금 원유 등은 비례해서 내리고 달러가 내리면 전 세계의 모든 주식과 아파트, 금, 원유 등 실물은 비례해서 가격이 오른다.

그 이유를 간단히 설명해 보자.
삼성전자 주식을 사고 싶은 어떤 미국인이 있다고 치자. 삼성전자 주식의 가격은 변동이 안 되냐고 생각하고 얘기를 풀어 보자.

삼성전자 1주 59,000원… 환율 1,100원… 미국인을 포함, 외국인이 살 경우 53.6$로 한 주를 살 수 있다.

삼성전자 1주 59,000원… 환율 800원… 미국인을 포함, 외국인이 살 경우 73.75$로 한 주를 살 수 있다.

같은 삼성전자 주식 1주를 사는데, 환율이 내리면 미국을 포함한 외국인들은 달러 가격이 내려서 73.75-53.60=20.15$를 더 주고 사야만 한다.

환율 변동에 따라 실제로 한국 내에서는 삼성전자 가격이 오르지도 내리지도 않는다고 가정했으니까 실제로 환율이 내렸을 때 사려면 삼성전자 1주당 20.15$를 더 줘야 살 수 있는 것이다. 환율이 내리면 한국 내에서 삼성전자 가격을 20.15$만큼 올려 받아야 제 가격을 받는 것이 된다.

따라서 한국 내에서 삼성전자 가격은 1100/800×100%=37.5%가 급등하지 않을 수 없다.

기업 내용이 아무런 변동이 없는데, 단지 환율 급락으로 37.5%를 더 주고 삼성전자를 살 외국인이 있겠는가? 결국 원화 강세는 한국 자산가치를 높여 주고 외국인 투자자에게 환차익을 가져다준다. 원화 강세가 추세적이라면 외국인들은 환차익의 매력 때문에라도 우리나라 주식을 안 살 수가 없다.

흔히들 원화 강세는 국제경쟁력 약화 때문에 수출에 부정적이라고 말들 하지만, 이제 한국도 옛날의 한국이 아니다. 사실상 제조업 국제경쟁력 1위 국가로 본다. 품질경쟁력으로도 당당히 세계 1위 아니면 2위다.

환율 급락을 걱정할 이유가 없고 환율 하락에 따른 가격 전가도 가능한 수준이 되었다. 인플레이션이든 하이퍼인플레이션이든 달러가 유리함은 당연하다. 특히 하이퍼인플레이션 시에는 금리 급등으로 주식, 부동산은 폭망한다. 1달의 월세 수입으로 한 끼의 식사를 준비해야 할지도 모른다.

참고로 어느 나라에서 자유롭던 달러 매수가 점점 어려워진다면 하이퍼인플레이션으로 가고 있음을 간접적으로 나타내는 지표가 된다.

챕터 10

숏텀디플레이션 시대의 투자학

통상의 디플레이션은 최장 5년 이내의 기간 동안 물가가 하락하고 경기가 침체되는 현상인데, 이를 숏텀디플레 아니면 그냥 디플레이션이라고 말한다. 5년 이상 지속되는 디플레이션은 롱텀디플레이션이라고 정의한다.

사실 숏텀디플레이션에서 롱텀디플레이션으로 진입하는 순간을 포착하는 것은 쉽지 않다. 그러나 약 10일의 거래 기간 중에 6~7일간 달러 가격의 변동 방향과 주가지수의 변동 방향이 같다면 롱텀디플레의 시작으로 보면 될 것 같다. 숏텀디플레, 즉 통상의 불경기하에서는 모든 자산은 달러와의 반비례 관계가 성립한다. 이것이 가장 중요한 구분 요령임을 잊지 말아야 한다.

따라서 투자자들은 숏텀디플레이션인 경우에는 다이아몬드 달러투자법이 그대로 적용되므로 통상의 투자 방법대로 투자하면 된다. 거품이 터지는 순간 주식을 팔고, 빅사이클(Big Cycle) 순환투자법에 따라서 달러로의 교체매매 순서로 진입하면 가장 적정한 투자가 된다.

필자가 주창한 다이아몬드 달러투자법에 따라 투자하면 단기간에 재산을 4배로 불려 갈 수 있으며, 내 재산 가격의 미래를 전부 다 예측할 수 있다. 평상시에는 환율이 급격히 내리면 내 주식은 폭등한다. 곧이어 7개월 뒤부터 아파트도 폭등한다, 석유, 금 또한 폭등한다.

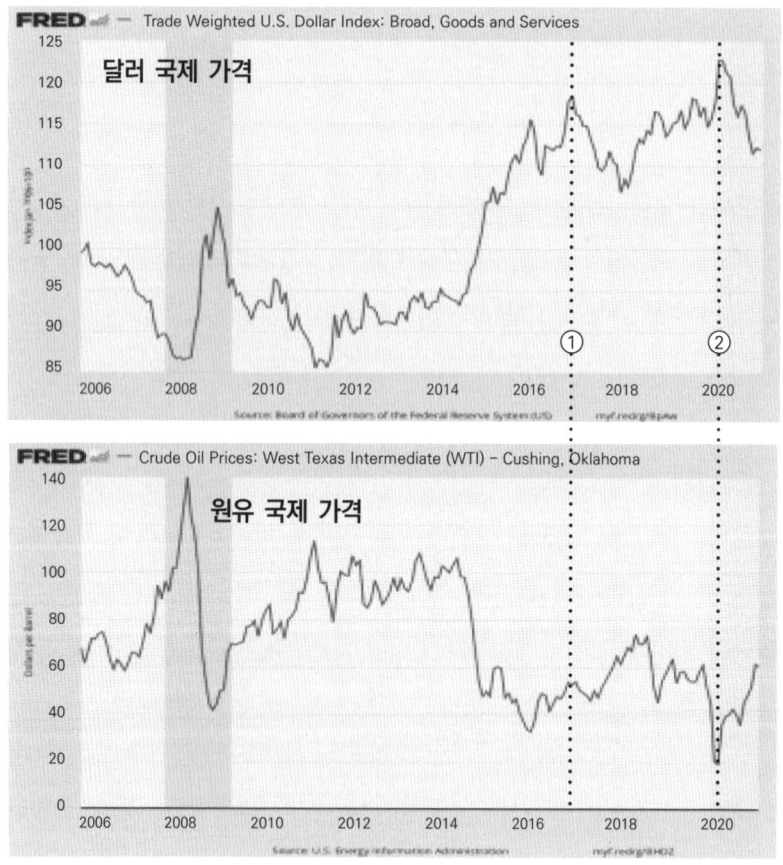

[그림 15] 2016년 1월 2일~2021년 2월 28일(6년)간 달러인덱스와 원유 가격의 반비례 관계

[그림 15]를 보면 원유 가격과 달러 가격은 다이아몬드 달러투자법에 따

라 반대로 움직임을 알 수 있다. [그림 15]의 위 그림은 달러 국제 가격이고 아래 그림은 원유 국제 가격이다. 달러국제 가격은 2006년 1월을 100%로 본 백분율 그래프이므로 달러와 원유, 금 등의 상관관계를 살펴보기에 훨씬 더 편리하다.

두 그림을 관통하는 수직점선 ①과 ②는 같은 연월의 달러 가격과 원유 가격을 볼 수 있는 점선이다. 환율이 오르면 원유가 내리는 것을 볼 수 있다. 내리는 경우에는 원유는 급등한다.

폭등률과 폭락률도 거의 같다. 이러한 사실은 FRED의 40~50년간의 자료들을 통해 증명, 설명하기 때문에 간단히 알 수 있다.

결국 달러의 국내 가격을 예측할 수 있다면 자신의 미래 재산 가격 예측까지 가능하다. 따라서 일반 투자자들은 하루하루의 환율은 외환딜러들에게 맡기고, 장기간의 환율은 긴 안목으로 예측해서 스스로 판단해야 한다.

우리나라는 경쟁국인 일본의 지난 국내 달러 가격을 변동을 확인해 보고 한국의 장래 국내 달러 가격을 예측해 보면 별 무리가 없다고 본다.

그 이유는 한국과 일본은 지속되는 통화의 강세, 제조업의 국가경쟁력, 인구 감소 문제, 부채 문제 등등이 거의 같기 때문이다. 양국의 여건이 흡사함은 무엇보다도 달러 약세가 제일 큰 이유가 된다.

달러 가격과 국내 자산시장의 가격 결정 원리를 간편하게 정리한 것이 바로 [그림 1]의 다이아몬드 달러투자도이다. 막연하게 달러와 자산 가격이 반대로 움직인다고 생각하는 것을 명확히 정리한 것이 바로 다이아몬드 달러투자도이다.

[그림 1]과 [그림 16]을 보면 버블과 역버블 과정에서 서서히 또는 급격히 달러에 대응한 금과 원유 가격이 균형점을 찾아가는 모습을 볼 수 있다. 특히 [그림 16]은 달러 가격이 변동됨에 따라서 원유 가격과 금 가격이 달러와 반비례로 움직이고 있음을 알 수 있다.

달러에 대한 반응 속도는 금이 원유보다 약간 더 빠름을 알 수 있다. 하지만 원유도 결국에는 달러 가격과 연동되어 반비례 관계가 됨을 알 수 있다.

이를 실전투자에 응용하면 금이나 원유에 대한 투자, 더 나아가 각종 국제 원자재 투자 시에 이 달러 가격과 모든 원자재는 반비례 관계임을 알고 이에 맞춰 투자하면 중장기적으로 실패할 경우가 없음을 간접적으로 알 수 있다.

이 도형에 따른 매매법은 미국 밖의 어느 나라, 어느 시대에도 그대로 적용된다. 환율 하락은 무차별적으로 부동산과 주식 등 재산의 폭등을 유발시킨다는 사실은 아주 중요한 투자 포인트이다.

다만 롱텀디플레이션이 진행 중인 나라에서는 절대로 따라 하면 안 된다는 사실은 〈챕터 11. 롱텀디플레이션 시대의 투자학〉에서 자세히 설명한다.

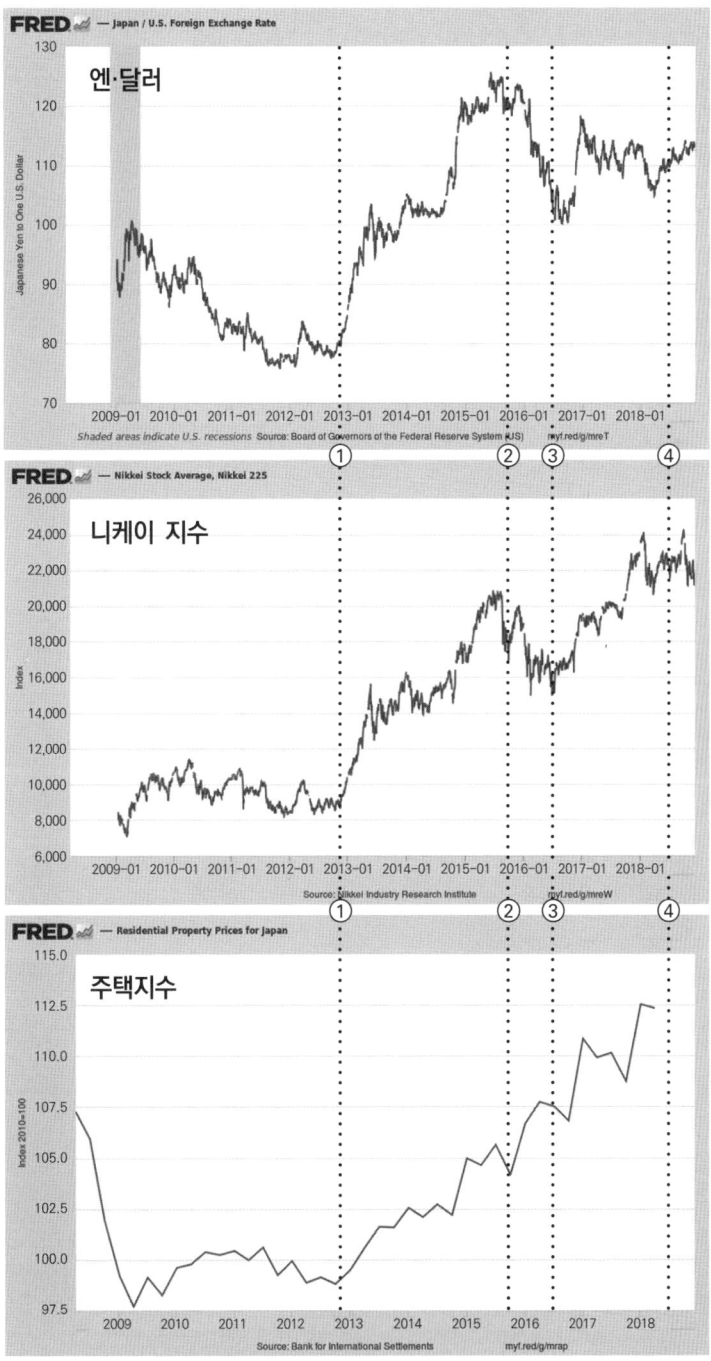

[그림 16] 원·달러와 원유, 금 가격의 반비례 관계

여기서 한 가지 유의해야 할 점이 나타났다. [그림 16]의 수직점선 ④까지는 금 가격과 달러의 관계는 다이아몬드 달러투자법의 법칙에 따라 서로 반비례 관계였음을 볼 수 있다.

수직점선 ④, 즉 2016년 1~2월 이후가 문제다.
2016년 1월 이후에는 금과 달러의 관계가 반비례 관계가 아님을 알 수 있다. 문제의 2016년 1월 2일부터 2021년 2월 26일까지 약 6년간 달러와 금의 관계가 비례 관계로 변해 있음을 볼 수 있다.

달러와 금이 반비례하는 것이 아니라 돌연 정비례 관계로 변했음을 [그림 16]을 통해서도 다시 확인할 수 있다. 변곡점은 [그림 16]의 수직점선 ④ 이후이다.

일본의 롱텀디플레이션의 시발점은 [그림 2]의 수직점선 ②와 ③처럼 달러와 주가의 정비례 관계가 시작된 곳이라고 설명한 바 있다.

국제 원자재인 금과 달러의 반비례 관계가 정비례 관계로 변한 시기가 2016년 1월 수직점선 ④ 이후부터이다. 바로 이 시점이 국제적인 롱텀디플레이션이 시작된 시기로 봐도 무방할 것 같다.

2016년 1월부터 금과 달러 가격의 정비례 관계가 나타나기 시작했다. 정말 기이한 현상이다. 바로 [그림 16]의 수직점선 ④ 이후를 보면 모든 관계는 정비례 관계다.

이곳이 전 세계의 롱텀디플레이션이 시작된 시발점이다. 필자는 이번에 찾아올 롱텀디플레이션은 전 세계에 전부 해당되며 특히 한국은 피할 수 없는 상황으로 판단하고 있다.

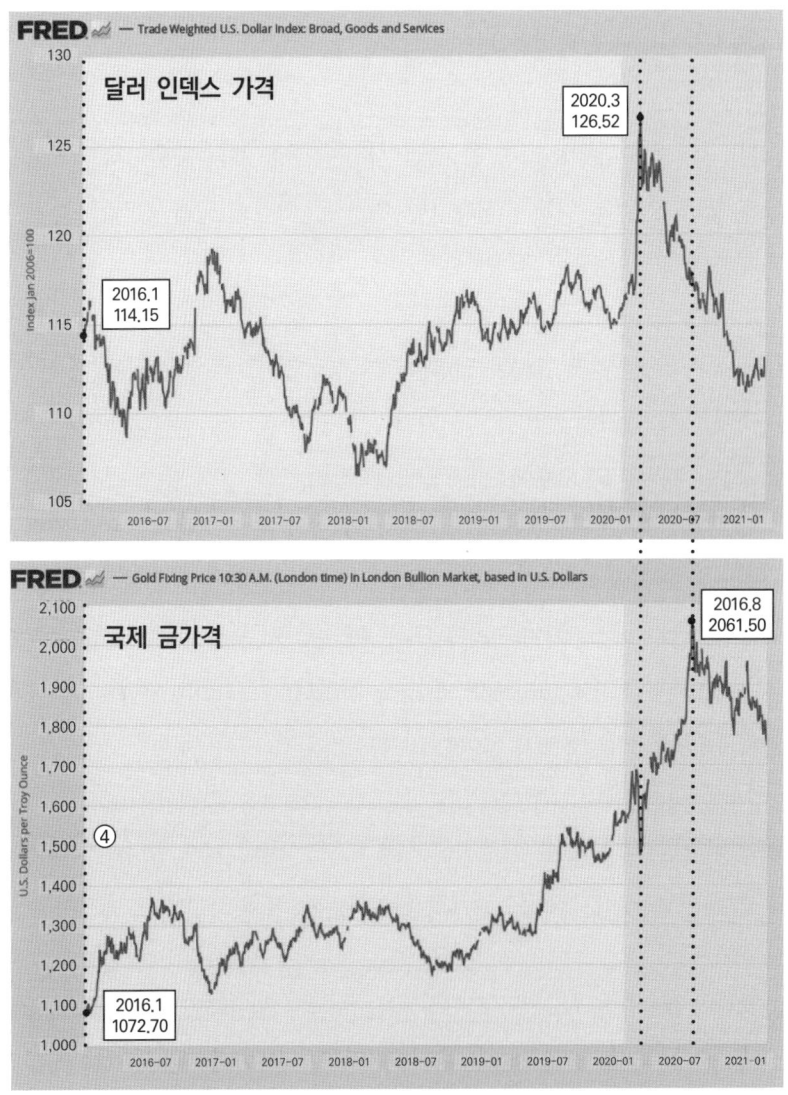

[그림 17] 2016년 1월 2일~2021년 2월 28일(6년)간 달러인덱스와 국제 금 가격의 정비례 관계

이 금 가격과 달러인덱스의 정비례 관계를 보면 이미 전 세계적인 롱텀디플레가 시작된 것으로 보인다. 1988년의 일본을 예로 들면 달러와 주요 재산 특히 니케이지수와 부동산 등 모든 재산간에 다이아몬드 달러투자법과는 반대로 [그림2]처럼 정비례 관계가 시작되는 기이한 상황은 일본 국내에서만 일어난 현상이었다.

금은 국제 원자재이며 나라 간 가격 차이는 주로 세금 때문이지 다른 이유는 없다. 그런데 이제는 국제 원자재인 금 가격과 달러 가격이 정비례 관계로 변해 있음을 볼 수 있다.

[그림 17]의 첫 번째 그림은 달러인덱스 그래프이고 두 번째 그림은 금의 국제 시세를 나타낸 것이다. 금 가격과 달러의 정비례 현상은 [그림 16]과 [그림 17]의 ④ 이후에 나타나기 시작했다.

1988년 초부터 실제적인 롱텀디플레가 시작된 일본은 그 후 계속해서 역다이아몬드 달러투자법(달러와 주식, 아파트 등 자산 간에 정비례 관계로 움직이는 현상)에 따라 달러와 주식 주택지수가 정비례 관계로 움직여 왔음을 [그림 2]를 통해서 확인할 수 있었다.

어느 나라의 국내 롱텀디플레이션 시작 여부는 국내 달러 가격과 국내 주가지수, 국내 주택지수와의 관계로 판단하는 것이 맞다.

세계적인 롱텀디플레이션의 시작점 판단은 국제 원자재인 금과 달러 등의 비례 관계 혹은 반비례 관계로 판단해야 옳다. 금 가격은 2016년부터 이미 달러와 정비례 관계로 변해 있다.

[그림17-1] 달러국제가격과 국제금가격이 약 5개월의 시차를 두고 동조화되는 그래프
(2016.1.2.~2021.2.28, 6년간 비교)

약간 미심쩍어하는 독자들을 위해서 다시 자세히 살펴보자.
[그림17]의 달러와 금이 최고시세를 형성한 시점을 인위적으로 일치시켜 민든 그래프가 [그림17-1]이다. [그림17-1]을 보고 저자의 주장 즉 롱텀 디플레이션 시에는 달러와 금가격이 반비례 관계가 아니라 비례 관계가 된다는 주장이 맞음을 다시 확인할 수 있다.

국제 달러가 먼저 최고가를 형성한 후 국제 금가격도 최고가를 형성하게 된다. 하지만 '약 5개월의 시차가 난다'는 결론이다. [그림17-1]에 비교하기 쉽도록 수직점선 3개를 임의로 그어 두었는데 국제달러가격과 국제 금가격의 동조화 현상을 확인할 수 있다.

정점일 이전과 이후의 달러 움직임과 금의 움직임은 많이 닮아 있음을 알 수 있다. 한 가지 유의할 점은 저자가 국제달러가격과 국제 금의 최고시세를 연월일을 무시하고 임의로 최고시세를 맞춰서 추세를 살펴본 것이다. 즉 본 저서에서 사용한 다른 그래프들과 달리 [그림17-1]의 윗 그래프와 아래 그래프의 연월일이 약 5개월 차이가 난다는 사실을 기억해 주기 바란다.

[그림 17-1]의 윗그림은 2016.1.2일 이후의 달러국제가격을 나타낸 그래프인데, 달러 최고가격은 2020.3월에 기록한 126.5236이다. 아래 그림은 2016년 6월 이후의 국제 금가격 그래프이다. 국제 금가격의 최고시세는 2020.8월에 기록한 2061.500달러였다.

이 [그림 17-1]을 보면 달러국제가격 최고시세를 기록한 날과 국제 금가격이 최고시세를 기록한 날짜는 약 5개월의 차이가 난다.

달러가 먼저 움직이고 이에 맞춰 금이 같은 궤적을 그리며 움직이는 것으로 보인다. 달러가격 변동에 따른 금가격의 변동과의 시차는 약 5개월이다. 이 팩트를 통해서 투자자들은 2가지의 투자 포인트를 잡을 수 있을 것이다.

첫째로 세계경제가 롱텀디플레이션에 도달한 경우, 혹은 롱텀디플레이션이 본격화되기 시작하면, 국제 금 가격은 달러의 궤적을 약 5개월 후행하면서 그대로 추종한다는 사실이다. 이 5개월 선행한 달러의 궤적을 보고 국제 금에 투자하면 될 것이다.

둘째로 저자는 그동안 주가가 먼저 움직인 후 일본은 약 5개월 후에, 한국은 약 7개월 후에 부동산이 같은 방향으로 움직여 왔다고 수차례 설명한 바 있다. 부동산에 투자 시에는 이에 맞춰 투자해야 한다고 주창한 바가 있음을 기억하기 바란다.

여기에 추가하여 달러가격이 움직인 후 국제 금가격도 약 5개월 후에 달러와 같은 궤적을 그리며 가격이 변한다는 것을 추가로 주창한다.

하지만 금과 달리 원유는 2016.1.2.~2021.2.28.일까지 약 6년간의 같은 기간 동안을 비교해 봤을 때 [그림 15]처럼 아직은 정비례 관계가 아닙니다. 그러나 원유와 달러인덱스의 관계도 면밀히 계속 살펴봐야 한다.

앞에서 설명했듯이 미국의 통화 증발로 인한 달러의 약세를 전문가들은 예측한 지 오래다. 즉 앞으로 달러가 계속 약세를 띠게 된다면 정비례 관계로 변한 금도 계속 내린다는 신호이다. 이는 앞으로 금투자를 해서는 절대로 안 된다는 뜻이다.

따라서 지금이 바로 보유자산의 51% 이상을 롱텀디플레이션에 대비하여 리셋해야 할 시점이다. 이제는 자산 포트폴리오를 재구성해야 한다. 롱텀디플레이션이 이미 상당히 진행된 것인지 아닌지는 일본처럼 기간이 지난 후에야 정확히 검증 가능하지만 적어도 절반의 재산은 롱텀디플레이션 대비 포지션으로 포트폴리오를 재구성해야 한다.

[그림 17]을 자세히 살펴보면 달러 국제 시세가 114.15달러에서 126.52달러로 약 10.8% 오르는 사이에, 국제 금 가격은 1,072.70달러에서 2,061.50달러로 92.2%나 급등하였다.

또한 [그림17-1]의 수직점선 Ⓐ선과 Ⓒ선을 비교하면 달러가 10.8% 오르는 사이에 금가격은 69.5%가 올라 정확한 비례관계가 아님을 알 수 있다.

즉 금가격과 달러가격은 상승이나 하락의 움직임 방향은 거의 같고 궤적도 거의 흡사하게 약 5개월의 시차를 두고 같은 방향으로 움직인다.

롱텀디플레이션 시에는 [그림1]의 다이아몬드 달러투자법과 달리 금과 달러가 같은 방향으로 움직이며 금가격의 상승률이나 하락율은 달러가격의 상승률 혹은 하락율과도 비례하지 않는다. 이는 금에 대한 지나친 초과수요로 보이며 언젠가는 바로잡힐 것으로 보인다.

다음으로 일본의 롱텀디플레이션의 시작점으로 판단되는 1988년 12월 즈음부터 1990년 1월 일본 붕괴 이후의 일본 국내 달러환율의 움직임과 국제 금 가격의 관계도 살펴보자.

엄밀히 얘기하면 일본 국내 달러 가격과 국제 금 시세를 비교하는 것이므로 [그림 17], 즉 달러인덱스 지수와 국제 금 가격의 관계처럼 똑같을 수는 없다.

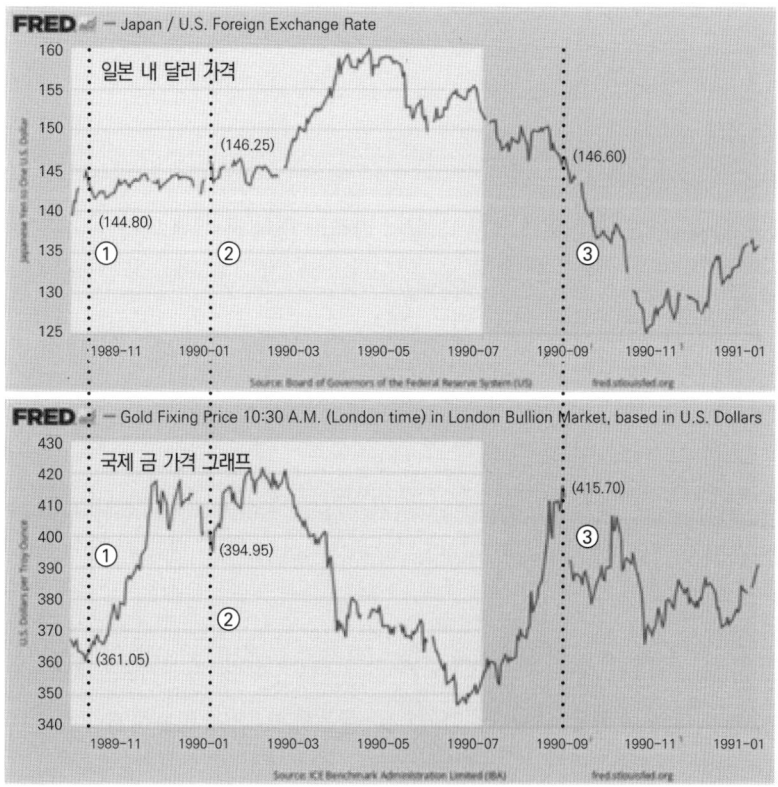

[그림 18] 1989년 10월 1일~1991년 1월 1일까지 엔 국내 시세와 금 국제 시세의 비례 관계

그러나, 필자의 주장대로 과연 1989년의 일본에서도 [그림 15]처럼 달러의 일본 내 가격 움직임과 국제 금 가격의 움직임이 비례 관계로 변했다면 필자의 주장을 다시 검증하는 것이 된다. 즉 [그림 2]와 같은 현상이 나타났는지를 확인해 보면 된다.

위의 [그림 18]은 1989년 10월 1일부터 1991년 1월 1일까지 일본 국내 달러의 움직임에 따른 국제 금 가격의 움직임을 나타낸 그래프이다. 같은 연월일로 위 그림과 아래 그림이 맞춰져 있어 아래위로 수직점선만 그으면 같은 연월일의 일본 내 달러 시세와 국제 금 가격의 상관관계를 알 수 있다.

아래의 [표 1]을 보자.

[표 1] 특징적인 연월일의 일본 내 달러 가격과 국제 금 시세 가격

일자	일본 내 달러 가격	국제 금 가격
점선 ① 1989.10.11.	144.80	361.05
점선 ② 1990.1.4.	146.25	394.95
점선 ③ 1990.8.23.	146.60	415.70

수직점선 ①, ②, ③은 각각 같은 연월일의 일본 내 달러 가격과 국제 금 가격의 상관관계를 나타낸 선이다.

국제 금 가격이 거의 최고치를 기록한 [그림 18]의 ③ 이후의 그래프를 보면 약간의 시차를 두고 두 그래프의 움직임이 거의 비슷하거나 비슷한 방향으로 움직임을 알 수 있다.

어느 나라의 국내 달러 가격과 주가지수, 아파트, 금, 원유 등의 반비례 관계를 이용한 투자법이 바로 필자가 오래전에 주창한 다이아몬드 달러투자법이다.

이 투자법은 어느 나라 국내 달러의 상승률과 하락률은 어느 나라의 모든 재산들의 상승률과 하락률과 거의 같으며 서로 반비례 관계에 있음을 주장하는 새로운 투자법이다.

그러나 이 다이아몬드 달러투자법 이론이 전혀 먹히지 않는 현상이 생겨나면 경제가 롱텀디플레이션에 진입한 것으로 판단하는 것이다. 롱텀디플레이션이 되면 이처럼 금 가격과 달러 가격은 반비례가 아니라 정비례 관계로 변하며, 이렇게 변하는 이유는 아직까지 밝혀진 게 없다.

이는 경제연구소나 학자들이 장차 연구해야 할 일이고 투자자인 우리들은 이렇게 변화하는 현상을 이미 알고 있으므로 이에 맞춰 투자하면 실수 없이 대박을 맞게 된다.

결론적으로 롱텀디플레이션이 시작되면 달러를 사서도 안 되며 주식투자, 아파트투자, 금투자, 원자재투자도 해서는 안 된다는 사실을 [그림 17]의 2016년 이후의 국제 금 시세와 국제 달러의 움직임으로 설명하였다.

다시 [그림 18]을 통해서 1990년대 일본의 롱텀디플레이션 당시 국제 금 시세와 일본 국내 달러 가격의 정비례 현상을 통해 재차 롱텀디플레이션이 왔을 때의 투자요령을 설명한다.

특히, 롱텀디플레이션이 본격화되는 1990년 1월 이후 국제 금 가격은 대폭 내리고, 일본 국내 달러 가격은 오른다.

1990년 8월 23일부터는 달러와 금의 움직임이 거의 흡사해짐을, [그림 18]의 수직점선 ③ 이후 기간의 양자의 움직임을 통해서도 확인할 수 있다. 위에서도 말했지만 일본 국내 달러 가격과 달러인덱스는 다르지만 국제 금 가격과의 관계는 크게 다르지 않음을 알 수 있다.

[그림 18]의 수직점선 ③ 이전을 보면 일본 투자자(기관, 외인, 개인)들은 처음 경험하는 롱텀디플레이션하에서 금에 투자할 것인가 달러에 투자할 것인가를 바로 정하지 못했으나 곧 시행착오적 방법으로 올바른 투자 방법을 찾아낸 것으로 보인다. 즉 1990년 8월, 수직점선 ③ 이후에는 금과 달러의 움직임이 거의 같음을 그래프를 통해서 확인할 수 있다.

결론적으로 롱텀디플레이션하에서는 모든 자산이 폭락하므로 일반인들의 생각과는 완전히 다른 금에 투자해서는 절대로 안 된다는 사실이다. 마찬가지 이유로 달러투자를 해서도 안 된다는 증거가 바로 [그림 18]이다.

그러나 미국에 거주하는 사람들이 보유한 달러는 현금이므로 여타 자산이 폭락함에 따라서 현금 가치는 저절로 폭등한다. 따라서 미국 거주자는 달러 현금을 많이 보유할수록 부를 쌓게 된다.

여기서 오해하지 말아야 할 것이 있다.

[그림 2]를 보면 개략적으로 롱텀디플레이션이 시작되기 약 1년 전부터, 즉 1988년 12월 수직점선 ②부터 달러 가격의 폭등과 주가지수의 상승, 아파트 가격의 상승이 동시에 일어난다.

[그림 18]을 보면 달러 가격과 다른 투자자산과의 비례 관계가 1989년 12월부터가 아니라 1990년 8월 말부터 비례했다고 생각하기 쉽다는 것이다.

그래서 [그림 2]의 설명이 틀렸다고 오해할 수가 있다. 하지만 매일매일 달러 가격과 자산 가격의 비례 관계가 성립되는 것이 아니라 추세적으로 형성됨을 안다면 이런 생각이 잘못되었음을 알게 될 것이다. 즉 [그림 2]의 추세로 보면 1988년 12월경부터 달러와 주식, 아파트 사이에는 이미 비례 관계가 성립함을 알 수 있다. 달러가 몇 달 더 선행하는 경우가 많지만….

또 하나 독자들이 오해하지 말아야 할 것은 롱텀디플레이션이 시작되면 미국 거주자인 경우를 제외하고 달러는 현금이 아니라는 점이다.

미국 거주자가 아닌 경우 달러가 현금이 아닌 투자자산이므로 투자하면, 즉 보유하면 안 된다. 즉 미국 거주자가 아니라면 달러는 롱텀디플레이션 기간 동안에는 현금이 아니라 재산이 되므로 폭락하게 된다.

챕터 11

롱텀디플레이션 시대의 투자학

장기디플레이션, 즉 롱텀디플레이션(Long Term Deflation)은 한마디로 다이아몬드 달러투자법이 제대로 작동되느냐 안 되느냐로 정확히 구분할 수 있다. [그림 2]의 선 ②를 보라. 달러 가격이 오르는데 주가도 같이 오르고 있다. 이런 기이한 현상이 생겨나면 바로 롱텀디플레이션에 진입했음을 알아야 한다.

이를 모르고, 즉 숏텀디플레와 롱텀디플레의 구분 없이 동등하게 경제정책을 편다면 롱텀 경제하에서 벗어나지 못함은 물론 폭망하게 된다. 투자자들도 일본의 투자자들처럼 완전히 망하게 된다. 전 세계에서 최초로 롱텀디플레이션을 겪고 있는 일본의 '잃어버린 30년'을 보면, 주식도 내리고 아파트도 내리고 달러도 내린다.

그러나 [그림 2]의 선 ②를 보면 주식 가격도 오르고 달러 가격도 오른다. 일본의 그래프로 추론하면 같은 기간에 부동산도 오른 것으로 추정할 수 있다.

즉 숏텀디플레이션처럼 달러를 팔고 아파트로 교체 매매할 시간은 일본의 경우 약 5개월의 시간 여유가 있다. 디플레이션 기간에는 예금금리도 대출금리도 내려간다. 즉 모든 것이 다 내려가므로 더 이상 국내에는 투자할 곳이 없어진다.

그래서 일본인들은 해외투자로 나섰지만 지속적인 엔화 강세로 해외에선 약간의 투자이익을 얻었더라도 일본 국내로 반입을 시도하는 순간 엔화로 환산해 보면 엄청난 손실을 보고 있음을 알게 된다. 그리하여 일본 국내로의 반입이 불가능해진 것이다. 이것이 이른바 유령달러(Ghost Dollar)다.

1982년경부터 전 세계에는 3저 바람이 불었다. 3저가 진행되는 동안 일본과 서독은 미국과 플라자합의를 하여 하루아침에 엔화 가치나 마르크화의 가치를 급상승시켜야만 했다.

한국의 주가 그래프인 코스피지수를 보면 3저 현상에 따른 급등은 1988년 4월경에 마무리된다. 그러나 일본은 한국의 주식시장이 무너진 후부터 주가와 달러가 동반 상승하는 기이한 현상이 약 1년간 나타난다. 이것이 바로 롱텀디플레로의 진입을 알리는 신호탄이었음을 알 수 있다.

지금까지 학자들이나 연구소 등은 디플레를 단지 물가가 지속적으로 내리는 현상이라 정의하고 디플레이션을 단순 디플레이션, 즉 숏텀디플레이션 한 가지로 보고 같은 대응책으로 이를 퇴치하려고 애쓰는 바람에 그 해결책을 찾지 못하였다고 본다.

그러나 디플레는 지속기간에 따라 숏텀디플레와 롱텀디플레로 구분하여야 하며 투자 방법도 퇴치 방법도 달라야 한다. 5년 이하의 기간 동안 지속되는 보통의 불경기, 즉 숏텀디플레나 평상시에는 주가, 아파트 등의 가격은 달러와 반비례 관계가 성립된다.

그러나 5년 이상 물가하락이 지속된다면 필자는 이를 롱텀디플레라고 정의하는데, 롱텀디플레이션 기간 동안의 현상인 달러와 재산 가격의 정비례 관계는 미국 밖의 나라에서만 발생하고 이는 그래프로 간단히 1차 진단이 가능하다.

그러나 지금까지 전 세계적으로 롱텀디플레이션을 본격적으로 연구한 학자나 연구소 등이 없음은 주지의 사실이다. 달러와 재산 가격이 역다이아몬드 달러투자법대로 움직이는 이런 현상은 필자가 제일 먼저 밝혀낸 가장 대표적인 롱텀디플레이션 현상이다.

롱텀디플레이션은 [그림 2]의 ②, B선으로 그 시발점을 알 수 있는데 지나고 나서 보면 명확하게 알 수 있지만, 발생 당시에는 롱텀디플레이션으로의 진입인가 숏텀디플레이션의 지속인가를 구분하는 것이 쉬운 일이 아니다.

결국 매일매일의 주가지수와 달러의 방향으로 읽어 추론해 내야 한다. 결론적으로 10거래일 중 약 5~7일 이상이 주가지수와 달러가 동시에 오르거나 동시에 내린다면 기조가 변환된 것, 즉 롱텀디플레이션으로의 진입으로 보면 되지 않을까 싶다.

필자는 호경기가 시작되면 빅사이클(Big Cycle) 순환투자법에 따라서 주식 → 아파트 → 달러 → 국채의 순서대로 순환매를 해야 한다고 주장한 바 있다.

문제는 지금의 자산시장의 마지막 상승세 후에 찾아올 거품 붕괴가 예전처럼 숏텀디플레이션으로의 진입이냐, 아니면 한국도 사상 최초로 롱텀디플레이션으로 진입하는 것이냐를 판별하는 것이 가장 중요하다.

왜냐하면 투자 방법과 퇴치 방법이 달라지기 때문이다.
숏텀디플레이션이라면 주식을 팔고 아파트 → 달러 → 국채 순으로 사야 한다. 롱텀디플레이션으로의 본격 진입이라면 전제 판별 조건이 있는데, 거품 붕괴 약 1년 전부터 일본처럼 주식과 달러가 동시에 급등해야만 한다.

현재의 랠리가 지속되다가 2021년 상반기쯤 혹은 2023년 상반기쯤 1988년의 일본처럼 달러와 주가지수가 동반 급등하는 상황이 온다면 이는 롱텀디플레이션 진입으로 봐도 무방하다.

즉 롱텀디플레이션을 숏텀디플레이션으로 오해하고 순환매 순서에 따라서 달러를 사면 절대로 안 된다. 바로 모든 자산을 팔고 현금을 보유하거나 현금보다 더 좋은 국채 등을 보유해야 한다는 점이 크게 다르다.

이번의 달러 가격 하락, 인구 감소, 과다 부채 등등으로 인한 롱텀디플레이션은 전 세계에 동시에 닥친 것이다. 일본처럼 일개 국가에만 롱텀디플레이션이 영향을 끼치는 것이 아니다.

전 세계에 무차별적으로 영향을 끼친다. 즉 달러는 전 세계 화폐에 대해서 꾸준하게 약세를 보이게 된다. [그림 13]을 통해서 달러인덱스의 완만한 하락추세를 확인해 보라!

달러 약세는 미국 국력의 약화를 나타내는 것이기에 달러 약세를 미국이 용인하고 싶지 않으나 어쩔 수 없는 미국 경제력의 총체적 약화가 나타나는 것이어서 방법이 없다고 본다.

미국 예일대의 로버트 트리핀 교수의 이론에 따르면, 달러를 줄이면 전 세계는 디플레의 골이 더 깊어짐이 이미 증명된 바 있다. 이를 트리핀의 딜레마(Triffin's dilemma)라고 부르고 있다.

롱텀디플레이션 시에 최적의 투자수단이나 투자재산을 알아보려면 일본의 예를 분석해 보면 된다. 일본은 근 30년간 일본은 롱텀디플레이션하에 있다가 2008년 금융위기 시에 미국이 행했던 방법대로 아베노믹스 정책으로, 돈을 헬기로 뿌려 대고 있다.

헬리콥터 벤이라는 별칭을 얻었던 벤 버냉키 전 FRB 의장의 정책처럼 일본에서는 아베노믹스 정책을 시행했다. 아베는 벤 버냉키보다 더 많은 돈을 뿌려 댔지만, 일본은 소생하지 못하고 있다. 이제는 전통적인 화폐이론이 먹혀들지 않는다. 유동성 함정이요, 바로 불황형 흑자가 지속되고 있다.

우리들은 투자자들이지 경제연구소 연구원이나 학자가 아니다. 롱텀디플레이션이 오면 나타나는 현상을 일본을 통해서 먼저 알아보고 일본의 투자 후 30년 뒤의 결과에 맞춰 현재의 투자를 하여 큰돈을 버는 것이 이 책의 목표이고 필자가 글을 쓰는 이유이다.

필자는 학부에서도 대학원에서도 경제학을 전공하지는 않았다. 스스로 필요해서 경제학을 익혔다. 지금은 학력사회여서 학위가 없으면 좀처럼 그 권위를 인정하려 들지 않는다. 그러나 필자는 알량한 저서를 인정받으려 학위 취득에 나설 수는 없다. 이제는 나이가 들었기도 하지만, 원래 그런 것은 생리에도 맞지 않기 때문이다.

앞에서 우리는 숏텀디플레 시대의 투자요령을 짚어 보았다. 숏텀디플레 시대의 투자학과 롱텀디플레 시대의 투자학은 한마디로 반대로 투자하면 된다. 우리는 불경기로 진입한 지 약 5년이 지나면 다시 경기가 호전되어 재산들의 가격이 적당히 오르는 인플레이션 시대를 약 70년간 살아왔다.

우선 롱텀디플레 시대의 한 단상으로 맛보기 기사를 하나 살펴보자.

"'아파트가 부러워'…2.9억 쇼핑점포, 경매서 1,777만 원에 낙찰" - 신도림테크노마트 점포, 13회 유찰 끝 겨우 낙찰(김미영, 〈이데일리〉, 2020.08.17.)

롱텀디플레 시대가 되면 이런 연이은 유찰 사태가 일반화된다. 루비니 교수도 "코로나로 10년간 경기침체 올 것"(권영미, 〈news1〉, 2020.05.23.)이라고 말했다.

2020년 7월 2일자 〈한국경제〉 기사에서는 "日 경제, 코로나 수습돼도 230조엔 손실… 영원한 마이너스 가능성도" 있다고 보도했으며, 일본은 내년에도 저성장이 이어져 2029년 이후에는 영구적으로 마이너스 성장을 이어 갈 것으로 분석됐다.

가장 중요한 핵심은,
2021년 6월쯤 혹은 2023년 6월쯤 전 세계에 찾아올 것으로 예상되는 주식시장 및 부동산시장의 거품 대붕괴가 숏텀디플레적 현상이냐, 롱텀디플레적 현상이냐를 구분하는 것이다. 그 이유가 대처법이 전혀 다르기 때문임은 이미 앞에서 설명한 바 있다.

이번에 찾아올 거품 붕괴가 단기적 디플레이션이라고 생각할 수 있는 이유는,

첫째, 앞으로 달러 가격이 다른 통화에 비해 서서히 추세적으로 30~40% 더 내릴 것으로 외신들은 보도하고 있다. 필자는 이미 2018년 1월부터 《자식들에게만 전해주는 재테크 비밀수첩》에서 지속적인 달러 약세를 주장한 바 있다.

하지만 이번에는 일본의 플라자합의 조치처럼 급격한 원화의 조정이 없었

다는 점이다. 일본의 플라자합의 당시 엔화를 단 하루 차이에 무려 240엔에서 160엔으로 약 33.3%를 급등시켰다. 그래서 역시 이번의 거품붕괴도 숏텀디플레이션이라고 추측하는 것이다.

둘째, 또한 아직 일본의 [그림 2]의 ③번 이후, 즉 1988년 12월~1989년 12월처럼 달러 가격과 코스피지수의 동시 급등 현상이 나타나지 않았다는 점이다.

롱텀디플레와 숏텀디플레를 구분해 낼 가장 중요한 키포인트, 즉 [그림 2]에서 롱텀디플레이션으로 판정할 수 있는 가장 중요한 포인트는 역시 달러환율과 아파트, 주식의 가격 변동 관계이다. 즉 맨 위의 환율 그래프에서 B와 B' 간의 약 30%의 환율급등에 정비례해서 가운데 그림인 니케이지수가 C와 C' 간 29% 급등하였다.

기존의 다이아몬드 달러투자법의 이론상 있을 수 없는 일이다. 같은 기간 동안 환율은 30% 급등하였고 니케이지수도 29% 급등하였기 때문이다. 여태까지는 달러가 급등하면 주식이나 아파트는 폭락한다는 것이 필자가 주창한 다이아몬드 달러투자법인데, 이 법칙이 철저히 무너지는 것이다.

숏텀디플레이션에서는, 즉 보통의 불경기에서는 달러가 30% 단기급등하면 주식과 아파트는 30% 급락하여야 하는데, 달러와 같은 방향으로 주식과 아파트가 같은 방향으로 움직인 것이다.

그 이후, 즉 1988년 12월 이후의 일본의 엔화의 방향과 니케이지수의 방향, 일본지수의 방향이 같은 쪽으로 움직인 것이다. 이것이 바로 롱텀디플레이션이다. 이 사실은 필자가 독창적으로 분석하고 그래프를 통해 입증한 것이다.

즉, 1989년 12월부터 일본 니케이지수가 완전히 거꾸로 나타나기 시작한 것이다. 일본의 주택지수가 2010년부터 제공되어 직접 그래프상에서 일본 부동산의 움직임을 확인할 수는 없으나 2009년 7월 이후의 일본의 주택지수 움직임으로 미루어 짐작할 수 있다.

문제는 이 시점, 즉 숏텀디플레에서 롱텀디플레로 전환되는 시점을 어떻게 포착하느냐에 있다. 숏텀디플레이션이나 평상시에도 달러 가격이 올라서 주식 가격이 내리는 것인지, 주식을 팔고서 주식을 판 외국인 등의 환전수요로 달러가 오르는 것인지는 불분명하지만 거의 매번 같은 방향의 움직임을 보인다. 어느 순간 이 방향이 같은 방향이 된다면 이제는 롱텀디플레이션으로 변환되는 것이다.

[그림 2]에서 보듯이 달러가 올라가고 있는데도 주가가 같은 상승률로 오르고 있다. 하루 이틀의 움직임이 아니라 환율과 주식 아파트의 움직임으로, 즉 추세로 파악해야 된다는 것은 확실하다.

챕터 9와 챕터 10을 통하여 파악할 수 있는 것은 같은 롱텀디플레이션이라 하더라도 세계적인 롱텀디플레이션과 한 국가에만 찾아온 롱텀디플레이션은 판단기준이 달라야 한다는 것이다.

첫째, 국가 단위의 롱텀디플레이션이라면, 먼저 어느 나라의 국내 달러 가격과 주가지수와 주택지수의 반비례 관계가 정비례 관계로 변환되어야 롱텀디플레이션으로 진입하였다고 판단할 수 있다는 것이다.

둘째, 세계적인 롱텀디플레이션이라면 달러인덱스와 금이나 원유 등 원자재의 국제 가격이 반비례 관계에서 정비례 관계로 변환되어야 한다는 점이다.

필자는 이미 달러인덱스와 국제 금 가격이 반비례 관계에서 정비례 관계로 2016년부터 변해 있음을 [그림 17]로 설명한 바 있다. 2016년부터 전 세계는 이미 롱텀디플레이션에 진입해 있음을 알 수 있는 근거이다.

그러나 금은 물론 원유나 구리, 곡물 등 다른 국제 원자재까지 반비례 관계에서 정비례 관계로 변하지 않은 것으로 보아 아직 롱텀디플레이션이 전 세계에 본격화되지는 않은 것으로 보인다.

챕터 12

디플레이션을 이기는 대안 투자법

디플레 시의 최고 강자는 역시 현금이다. 현금 그 자체여도 되고 현금등가물이어도 된다. 현금과 현금등가물이면서 수익을 창출해 주는 맥쿼리인프라 펀드나 국채가 있다. 주택연금은 현금보다도 더 좋은 전통적인 현금등가물 투자법이라고 할 수 있다.

최근에는 KODEX, 인버스류의 각종 인버스 상품들도 생겨났다. 국채나 곡물, 원유, 달러, 인버스 상품들도 활용하면 모든 가격이 내리는 롱텀·숏텀디플레이션 시에도 수익을 창출할 수 있다.

인버스류의 신상품들이 탄생하기 전에는 디플레이션 시에는 정말로 투자할 상품이 없었다. 주식, 아파트, 금, 원유 등등 가치가 있는 것들은 전부 가격이 폭락했었다.

맥쿼리인프라 펀드

국내 사회간접자본에 투자해서 앞으로 매년 675~900원의 분배금(상장

회사의 배당금과 같다)을 지급하는 맥쿼리인프라(코드번호: 088980)라는 상품이다.

주식시장에 상장되어 있으며 1주 단위로 사고팔 수 있다. 우리나라에만 있는 사회간접자본 펀드다. 매년 2회, 6월 말과 12월 말을 분배기준일로 하여 2차례에 걸쳐 이익금을 분배한다.

이 펀드는 호주 맥쿼리은행이 조성, 관리한다. 2043년에 해산하는 시한부 펀드이며, 국채보다도 훨씬 분배금(배당금)이 많고, 이 주식은 MRG(Minimum Revenue Guarantee)로 한국 정부가 최소 수익률을 보장한다.

여기서 MRG란 SOC(Social Overhead Capital, 사회간접자본) 사업에 민간투자를 유치하기 위해서, 사업시행자의 운영수입이 당초 약정한 추정 수입의 일정 비율에 미치지 못할 경우 사업시행자에게 재정 지원을 약속하고 부족액을 정부가 지급해 주겠다는 보증 계약이다.

결국 맥쿼리인프라 펀드가 기존에 투자한 모든 사회간접투자사업은 수익성이 보장되는 땅 짚고 헤엄치는 식의 사업들뿐이라는 뜻이 된다. 즉, 사회간접자본인 인천공항 고속도로, 지하철 등에 투자되어 있고 투자 시에 예상 이용률 등을 감안해서 투자된 자금이다. 몇 년 전 국회에서도 MRG는 지나친 혜택이라고 거론된 바도 있을 정도로 큰 혜택이 주어져 있다.

IMF 시절에 생겨났고, 어떤 경우에도 국제적 신인도 때문에 한국 정부는 최저수익률 보장 등 약속을 깨트릴 수도 없는, 일종의 부동산 리츠 같은 성격도 지닌 펀드다.

기부 채납식으로 약 30년이 지나면 투자된 시설이나 사회간접자본을 국가에 반납해야 하는 구조다. 즉 2043년에는 강제 해산되는 시한부펀드다. 이 맥쿼리인프라 펀드는 디플레 등으로 이용이 저조해서 최저 수익률만을 받을 경우도 상정해 봐야 하지만, 금리가 오르면 시세, 즉 가격은 내리고 금리가 내리면 가격이 오른다. 즉, 금리와 역의 관계에 있음은 국고채와 같다. 구태여 따지면 맥쿼리인프라는 2043-2021=22년짜리 국고채와 같다.

한 가지 고려사항은 이 분배금은 예상 분배금이고 경영 실적에 따라서 약간씩 달라진다. 그러나 최저 분배금은 MRG로 이미 정해져 있고, 이익금을 매년 90% 이상 분배하지 않으면 모든 수익은 국고로 환수되므로 이익이 나기만 한다면 배당액은 항상 이익금의 90%가 보장되는 구조다.

국채와 다른 점은 만기 시에 첫 발행가인 5천 원을 일시에 반환하지 않고 3회에 걸쳐서 강제적으로 미리 분할 지급한다는 점이다.

지급 내역을 보면,
2024년에 주당 1,300원,
2032년에 주당 1,300원,

2042년에 주당 2,400원이 강제적으로 반환된다.

금년부터 2040년까지는 배당 예상액이 연간 675~900원으로 예상된다.

국채나 국채의 성격을 띤 맥쿼리인프라 펀드 등에 투자할 시에는 금리변동 추이분석이 가장 큰 영향을 끼친다. 앞으로 금리 인상을 몇 차례 하면서 가격이 내릴 경우도 미리 상정해서 판단해 봐야 하는데, 이 경우 단기적으로는 가격 손상을 약간은 입을 것이다.

하지만, 월세처럼 배당금을 목표로 하므로 만기 시까지 보유한다고 해도 인플레 경제로 회귀하면서 지속되는 금리 인상만 없다면, 아무런 가격 변동도 없는 것이 된다. 즉 배당금은 같다.

다만 2032년 정도까지는 디플레경제가 진행되고, 그 후에 인플레 경제로 회귀하여 향후 70년 이상을 지속하고 금리의 꾸준한 인상 시기가 도래할 것으로 보인다. 이때에는 맥쿼리인프라도 기세를 다하는 타임이 될 것이다.

이 경우, 파는 것이 유리하지만, 시세 차익만을 노리는 게 아니라 월세 같은 분배금(배당금)을 위한 투자라면 인플레 경제로 회귀하면서 다시 판단해 보아야 할 타임이 된다. 배당액에서 약 15.4%의 세금을 내야 하며, 금융소득 종합과세나 종합소득세 문제도 같이 검토하여야 한다.

일정 연령 이상이라면 비과세종합저축 한도인 5천만 원을 가입하여 이 펀드를 사면 전액 면세 처리된다. ISA를 가입하여 맥쿼리인프라 펀드를 구입하면 일정 금액까지는 면세 처리된다.

다가오는 롱텀디플레이션 시대는 현금이 왕인 시대다. 디플레이션 시대에는 현금보다 더 좋은 투자수단은 거의 없다. 그중의 제1이 바로 맥쿼리인프라 펀드이고, 차선책이 국채다.

소득 없이도 매월 고정수입으로 살기를 원하는 경우 롱텀디플레가 지속되는 한, 이처럼 좋은 투자수단은 없다. 개략적으로 1억당 세전 70만 원정도의 월수입이 보장된다. 부동산처럼 관리비용도, 큰 거래비용 등도 필요 없으니 이보다 더 좋을 순 없다.

증권 거래세도 면제 대상이다. 한 번 매수하면 이후에는 매도, 매수도 필요 없다. 20년 이상 그대로 보유하며 분배금만을 받으면 되는 자산이니 적극 권한다.

국채

매월 손쉽게 들어오는 월세만으로 살아간다면 누구나 행복하여 인생은 항상 즐거운 것이 될 것이다. 월세보다도 더 편하고 안전하게 국채 이자로 살아가는 방법도 있다. 채권은 국가에서 발행하는 국채와 회사에서 발행하는 회사채, 지자체에서 발행하는 지방채 등등 종류가 많지만 제일 좋은 것은 역시 나라가 망하기 전에는 원금과 이자를 지급하는 국채(국고채)가 무위험 자산임은 누구나 안다. 즉 최고의 채권은 국채다. 그러나 다른 채권에 비하여 이자가 적다.

미국 국채는 달러와 같고 이자도 나오는 것이어서 각국 정부는 외환 보유고(달러)를 보관하는 한 방법으로 미국 국채를 사 두기도 한다. 요즘은 해외에 재산을 투자하는 것이 유행이어서 미국 국채를 사 두는 국내 개미투자자들도 있는 것 같다.

국내에서는 증권사들이 RP 형태로 미국 채권을 상품으로 팔기도 한다. 현재 미국 국채 금리는 약 3%여서 연간으로 환산해 보면 1억 투자 시 이자로 연간 300만 원이 나온다. 여기에서 역시 세금을 15.4% 공제하고 나면 253.8만 원이 된다.

월평균 소득이 21만 원인 셈이다. 흔히들 2인 가구 월 최저생활비로 270여만 원이 필요하다고 하니까 국채 이자로만 살아가려면 적어도 국채를 12억 원어치를 사 놓아야 월 소득 270만 원을 달성하는 것이 가능하다.

이렇게 큰돈을 현찰로 가진 사람도 거의 없을 것이고, 곶감 빼먹듯이 이렇게 투자하는 사람도 거의 없다. 미국과 달리 한국은 나라의 빚이 적어 국채 발행액도 많지 않고 2년물, 5년물, 10년물, 20년물, 30년물 등으로 다양하지도 않다.

거래량이 적어 시세 또한 제대로 형성되지도 않는다. 매매는 역시 증권회사에서 할 수 있는데, 거래량도 미미하여 거래가 쉽지 않다. 현재 우리나라의 30년물 국채금리는 약 2% 정도로 미국 국채보다도 이자가 적다. 국채는 평상시에는 가격 변동이 거의 없기도 하다.

그래서 여러 가지로 개미투자자들에게는 맞지 않는 상품으로 이해하기도 한다. 즉 평상시에 국채는 투자 대상이 아니라고 말할 수 있다. 그러나 개미투자자들도 국채를 꼭 사야 할 때가 있고 꼭 팔아야 할 때가 있다.

한국의 디플레이션은 2013년에 시작되었고, 이미 9년 차에 접어들었다. 단지 우리가 아직 피부로 느끼는 정도가 약할 뿐이며 디플레가 진행 중에 각국의 양적 완화로 약한 인플레가 한국에도 잠시 진행 중인 것으로 보인다.

디플레이션이라고 자타가 인정하게 되면 이미 늦은 것이고, 대개의 경우 우리는 지나가고 나서나 진척이 한참 되고 나서야 알 수 있는 것이다. 따라서 누구나 이번에 마지막으로 찾아온 주식시장, 부동산시장의 대세 상승 기회를 잘 활용하여야 한다.

그 후 양 시장의 대세 하락이 시작됨과 동시에, 즉 디플레경제가 본격적으로 피부로 느껴지기 시작하는 때에는 오로지 현찰이 최고라고 것은 누구나 알고 있는 사실이다. 맞다. 오로지 현금만이 자산을 유지시켜 준다. 그런데, 사실 현금보다 더 좋은 자산은 맥쿼리인프라 펀드, 그다음으로 국채다.

국가에서 발행한 채권이므로 국채는 현금과 마찬가지다. 대한민국이 망하지 않는 한 분기마다 매번 이자를 준다. 만기 시에는 원금은 100% 돌려준다. 보통 이자율은 1~2% 사이이지만 금리가 오르면 채권 가격은 폭락하고 금리가 내리면 폭등한다.

10년짜리 국채라면 금리가 1% 오르고 내림에 따라 채권 가격이 약 7%씩 폭등하거나 폭락한다. 이 7% 정도의 가격 변동에 왜 폭등과 폭락이라는 단어를 쓰느냐 하면 전 재산을 베팅해도 될 만큼 안전해서 국채투자 시에는 큰 금액을 투자하고, 평상시에는 가격 변동도 거의 없는 자산이기 때문이다. 따라서 투자금액이 크므로 1%의 금리 변동에도 단기 매매 차익이 크기 때문이다.

사실 시중에는 국채나 회사채 투자에 관한 두꺼운 책들이 많이 발간되어 있지만, 책 한 권을 읽어 봐야 얻어 낼 수 있는 정보는, 금리가 1% 내리면 10년물의 채권 가격은 7%가 오른다는 사실. 이것이 바로 채권투자의 핵심정보인데, 이것마저 알려 주지 않는다.

20년물은 금리가 1% 하락하면 당연히 14%가 오르고, 30년물은 21%가 급등한다는 것이 핵심정보다. 반대의 경우는 비례하여 내림은 물론이다.

따라서 이 정보는 중요하므로 개인투자가들은 영원히 잊지 말아야 한다. 어느 나라 어느 시대에도 금리와 수익률의 관계는 같다. 사실 이 정보마저도 공개하지 않는 채권투자 관련 책들이 더 많다.

이 정보는 채권평가 전문회사와 기관투자가들만 공유한다. 한국에는 3~4곳의 채권평가, 즉 신용평가 전문회사들이 있다.

디플레이션이 진전되면 진전될수록 금리는 꾸준히 내릴 운명이 된다. 보통 국채는 발행금리가 1~2% 이하의 물건이 주류를 이루고 시세, 즉 채권 수익률도 현재에는 0% 정도다.

우리나라도 모든 물건이 값이 내리는 디플레이션이 적어도 10년, 일본처럼 길어지면 20년 이상이나 진척되므로 현금의 상대적인 가치는 계속 오르는 것이나 마찬가지가 된다.

즉 현금이 실제로 오르는 것이 아니라 다른 물건, 즉 부동산, 주식, 생필품, 금, 은 등 세상의 모든 물건은 값이 내리니까 현금의 구매력이 더 커진다는 것이다.

그래서 현금이 최고라고 하는 것이다. 이렇게 현금은 액수가 늘지 않아도, 즉 이자가 거의 없이도 최고라는 말을 쓰는데, 국채는 이자에다가 가격까지 오르니 어떤 게 더 좋은가는 불문가지다. 맥쿼리인프라 펀드도 채권 가격과 같이 이자율에 따라서 시세가 변동된다.

증권시장에 채권시장이 별도로 열리고 있는데, 즉 거래되고 있는데, 한국 채권시장은 거래량도 많지 않고, 시세도 제대로 제공되지 않는데, 어떻게 국채를 사느냐고 반문할 수 있다. 이럴 경우를 대비하여 증권시장에는 국채 ETF가 상장되어 있다.

이를 통해서 매매하면 국채 실물을 보유한 것과 같은 효과가 있다는 것도 알아 두어야 한다. 단기채 ETF 국고채, 3년물 ETF 국고채, 5년물 ETF

국고채, 10년물 ETF 국고채, 20년물 ETF 국고채 등등이 상장되어 거래되고 있다.

얼마 전에는 브라질 국채가 시장에서 인기를 끈 적이 있다. 전액 비과세이며 이자도 10%나 된다. 브라질 화폐가치가 아무런 변동이 없었다면 연간 10%의 브라질 국채는 최고의 투자자산이 된다. 한국의 정기예금 금리가 2%에 불과한 현실과 비교해 보면 금방 알 수 있는 사실이다.

하지만 '그렇게 좋은 투자상품이라면 증권회사에서 자기 자금으로 투자해 두고 채권 만기 때까지 수익을 누리지 왜 일반 고객들에게 팔겠는가?'를 생각해 보면 피할 수 있는 투자자산이었다. 물론 증권회사들은 선취수수료 3% 정도를 챙기고 수조 원어치를 멍청한 국내 투자자들에게 팔았다.

투자의 세계는 정글과 같다. 제로섬 게임이다. 누구도 믿어서는 안 되고 스스로 공부하고 체득하여 실천하여야 한다. 국제적으로 시각을 돌려보면 아르헨티나, 그리스, 터키 등 국채 가격이 폭락(국채 수익률 폭등)한 나라들도 많다.

그리고 어느 나라의 국채의 수익률이 6%가 되면 국가 부도로 치는 국제 관행이 있다. 즉 국채 이자가 6% 정도면 어느 나라, 누구에게서도 달러 자금 조달이 불가능해진다는 뜻이다.

이런 나라들은 IMF의 구제금융을 통해서만이 국제통화인 달러를 조달할 수 있다. 국제적으로 관행적인 국채 최고 이자율은 6%라는 뜻이다. 국채 중 미국 국채는 달러이니까 다르지만 다른 나라에의 국채 해외투자는 달러와 현지 화폐의 환율 예측에 실패하면 브라질 국채처럼 끝이다.

마지막으로 6% 이자율의 의미를 확실히 해 보자.
이 정도 이자가 나오는 국채라면 평생 가져가도 되는 이자율이다. 무위험 이자율이니까, 이 정도로 매년 재산을 늘려 갈 방법은 거의 없다.

인플레가 전후 70년간 진행되었다지만 70년간 6%씩 인플레가 진행된 것이 아님은 당연하다. 그러니까, 이 경우 국채에 투자하여 복리의 마법을 쓰면 돈을 기하급수적으로 늘릴 수 있다. 전혀 위험이 없는 상태이고 확정 수익률 아닌가?

국고채 10년 만기물 1매당 1만 원, 보통 이자율 2%로 발행된다고 치자. 금리 상황에 따라서 이 국고채는 3천~1만 2천 원 등으로 변동될 수 있다. 더 이상의 아래위 진폭도 물론 가능하다. 국고채 1만 원짜리가 3천 300원에 거래되어야만 수익률이 6%가 된다. 수익률은 투자액 대비로 계산되는 것이다.

즉 이자액(200원)/투자액(3,300원)×100%=6.06%의 수익률이 되는 것이다. 이 정도의 100% 안전한 무위험 수익률이라면 전 재산을 베팅해도 된다. 복리표로 간단히 계산해도 투자금을 배로 늘리는 데에 소요되는 기간은 불과 12년이면 족하다.

이자율이 내릴 경우도 계산해 보자.

금리가 1% 내리면 이 국채는 1만 700원에 거래되고, 2% 내리면 1만 1천400원에 거래된다. 일본처럼 디플레이션으로 마이너스 1% 금리가 된다면… 1만 2천100원이 된다.

그러나 사실상 거래 가격은 부르는 것이 값이 된다. 왜냐하면 디플레이션이므로 현금 구매력은 매년 급등하는데, 국채는 이자까지 나오는 현금과 같기 때문이고 만기 때까지 아무도 팔지 않을 것이기 때문이다. 즉, 일본 국채처럼 가격 산정이 불가능해지는 상태가 된다.

결국 낮은 이자율이지만 국채를 반드시 사야 하는 경우와 반드시 팔아야 하는 타임을 이해하길 바란다. 즉, 이자가 내리면 국채를 사고, 이자가 오르면 국채를 팔아야 한다.

단, 일회성으로 판단하지 말고 금리가 2~3번 오를 때 Three Times Principle에 따르는 것이 좋다. 지금까지 설명한 것이 국채투자요령의 요체다.

국채는 이자율 변동에 따라서 이 같은 요술을 부려 주는 무위험 수익성 자산이며 만기가 10년 이상인 국고채는 분리과세 대상이기도 하다. 또, 국고채는 사실상의 무기명 채권이며 그냥 자녀에게 현물로 전해 주면 되므로 상속·증여세를 탈루하는 수단으로 악용되기도 한다.

이자율 변동으로 수익성 자산의 월세 이상의 이자율이 확보되는 장기 국채라면 이보다 더 좋은 투자 대상은 많지 않다.
게다가 한국은 곧 롱텀디플레이션에 본격적으로 진입하여 적어도 10년 이상 어쩌면 20년 가까이 지속될 가능성이 아주 크다.

주택연금

주택연금은 연금이라는 명칭을 도입했지만 사실은 변동금리 장기대출상품이다. 연금이라는 단어로 포장이 잘된 대출이다. 현재 적용금리는 약 6% 정도이다.

게다가 가입 시에는 주택 가격의 1.5%를 보증 비용으로 내야 하고 해약하면 이 비용은 고스란히 날아간다. 인플레 헤지가 안 되므로, 국민연금과도 다르다.

연금을 받다가 주택 가격이 올라도 연금을 올려 주지는 않는다. 이 경우는 해약하고 다시 가입하면 연금 액수가 늘어나지만 초기 비용들은 고스란히 손해를 감수해야 한다.

10월 23일자 〈뉴시스〉 기사 제목을 보라.
"'미친 집값'에 서울 거주자 주택연금 중도해지 속출"이라는 제목의 기사다. 이는 주택연금 가입 시기를 잘못 선택한 결과다.

주택연금은 집값이 올랐다고 중도해지 후 바로 재가입이 되는 것이 아니고 3년 이후에 재가입이 가능하다는 점을 알면 가입 시기가 얼마나 중요한지를 알 수 있다. 3년 정도면 경기순환에 따라 시세의 방향은 완전히 역전될 수 있는 기간이다.

이 밖에도 이사를 가지 못하므로, 죽을 때까지 낡은 집에서 살아야 하는 불편을 감수해야 하는 등 불편한 점도 많다. 물론 양로원에도 가지 못한다. 불합리한 규정은 차차 고쳐지겠지만 수시로 변경되는 정보를 잘 판단해야 하는 상품임이 틀림없다.

변동금리 이자율은 10년 만기 국고채의 직전 5년간의 평균 수익률에 2.0% 포인트의 마진을 더한 수치다. 주택연금에 가입하더라도 주택의 소유권은 엄연히 가입자이니, 재산세 등 각종 세금과 공과금은 가입자가 그대로 내야 한다.

주택연금에 가입된 주택은 대출금 회수 시 빠른 회수를 위해 경매로 처분할 것이어서 매도 시에도 일반 매매보다 유리할 것은 없다.

이렇게 일방적으로 그들에게 유리한 정책만을 쓴다면 이를 역이용해도 크게 미안할 일은 아니다. 주택연금을 역이용하는 방법은 두 가지로 생각해 볼 수 있다. 즉, 현재 3~4억 정도의 부동산을 사서 8억이나 9억으로 오른 때에 주택연금에 가입하는 것이다.

즉, 아파트가 최고 가격으로 올랐을 때 주택연금에 가입하면 될 것이다. 마지막 대세 상승 후 거품 붕괴로 부동산 시세가 30~40% 정도 내린

가격이 8~9억 정도인 아파트를 사서 주택연금에 즉시 가입하는 것이다.

진행 중인 대세 상승 기간 중에 주택지수 기준 약 30~50%는 더 오를 것으로 보이고, 그 후 대세 하락 시에는 주택 가격은 80% 정도는 내릴 것이므로 그런대로 주택연금의 계획을 역이용하는 것이 될 것이다. 즉, 주택연금을 위해 담보로 제공한 부동산의 본전은 전부 회수하고도 남을 정도로 연금을 수령하는 것이 된다.

설령 구입 후에 주택 가격이 오르지 않거나, 기대만큼 오른다고 하여도, 곧이어 대세 하락기가 찾아와서 적어도 주택 가격은 대시세가 있었다면 80~90%, 아니라면 50% 정도가 내릴 것이므로 어느 경우에도 담보 가격의 100% 가까이를 주택연금으로 수령하게 된다.

즉 주택연금에 기부하는 꼴이 되지는 않는다. 그래서 이 두 가지 방법은 결국 주택연금을 역이용하는 것이 된다. 누구나 금융 정보나 숨겨진 사실을 알기 위해서는 꾸준히 새로운 금융 상품들을 따져 보아야 한다.

그들은 우리를 이용하여 점점 부자가 되고 있는 반면에 우리들은 점점 가난해지고 있음을 잊지 말아야 한다.

챕터 13

1조 재산도 영원히 지킨다!
재산이분법

전통적으로 재산을 지키는 방법, 즉 재산보전법으로 재산 3분법이 전해져 오고 있다. 재산을 부동산, 주식, 예금으로 3등분해서 보관하면 자기 재산의 안전성과 수익성을 지킬 수 있다는 말이다.

결국 부동산 33%+주식 33%+예금 33%로 나누어 두면 안전성과 수익성을 유지시켜 재산을 보전한다는 뜻이다. 그런데 우리나라 사람들은 아마도 부동산으로 90% 이상을 보관하고 주식이나 예금으로는 10% 이하를 보유할 것이다.

한국도 3050클럽에 7번째로 가입하여 이제는 실제적인 선진국이다. 선진국이 되면 재산 포트폴리오 중 금융자산 비중이 늘어난다. 보통 10년 이상씩 금융자산으로의 머니무브(Money Move) 현상이 일어난다. 통계에 따르면 자기 나이만큼 자산의 포트폴리오가 금융자산으로 늘어난다고 한다.

70세면 자산의 70%를 금융자산으로 구성하는 것이 선진국 시민들의 자산 포트폴리오다. 바로 롱텀디플레 시대를 맞았으니 선진국형으로 재산 포트폴리오를 구성할 절호의 찬스를 맞은 것이다.

그냥 예전처럼 재산 3분법 혹은 재산 2분법에 따라 버티기만 하면 재산이 보전되는 것은 인플레 경제하에서만 통하는 방법이다. 롱텀디플레이션 하에서는 부동산, 금, 은 등 실물 자산의 부는 몰락 과정을 거쳐 현금성 자산 보유자에게 자동적으로 이동된다는 점이다.

흔히들 축성(築城)이 어려우냐 수성(守城)이 어려우냐를 가지고 왈가왈부한다. 재산이 5천억 혹은 수조쯤 되는 사람이 재산을 완전하게 100% 지킬 방법도 바로 재산 2분법이다. 재산 2분법은 필자의 독창적인 분석에 따른 결과물이다. 바로 다이아몬드 달러투자법을 그대로 적용한 것이다.

즉, 달러 50%와 개별재산 혹은 개별재산의 합을 50%로 나눠 놓으면 어떤 경우에도 재산을 100% 영원히 지킬 수 있다. 이 방법은 인플레 경제와 숏텀디플레 시대하에서만 100% 통하는 재산보전법이다.

바로 다이아몬드 달러투자법에 따라 재산을 배분하는 방법이다. 달러와 부동산, 주식 등 자산과는 반비례 관계가 성립되기 때문이다. 다시 한번 [그림 1]을 머릿속에 저장해 두자!

재산을 보전하는 일이, 즉 수성하는 일이 다이아몬드 달러투자법 때문에 너무나 간단명료하게 정리된다. 물론 재산 2분법에 의한 재산보전법은 달러를 일상통화로 쓰는 사람과 나라에서는 안 된다. 즉 다이아몬드 달러투자법은 미국 내에서는 통하지 않는다.

이 재산 2분법을 안다면 단연코 축성이 더 어려움을 간단히 알 수 있다. 수성은 이 재산 2분법으로 너무나 완벽하게 간단히 확보되기 때문이다.

사람들이 흔히 말하는 4대 안전자산에는 금, 달러, 프랑, 엔화가 들어간다. 안전자산이란 재산 가치가 안전하지 않을 때, 즉 자산시장이 불안할 때 투자자들이 선호하는 자산을 말한다.

허공에 떠 있는 금값을 생각하면 세계인이나 한국인이나 안전자산으로 금을 선호하는 것 같다. 하지만 결국에는 롱텀디플레이션을 맞아 대폭락을 맛보게 된다.

인플레 경제하에서는, 즉 숏텀디플레이션 시대에는 재산 2분법이 그대로 적용되지만 일본처럼 5년 이상 지속되는 롱텀디플레이션하에서는 재산 2분법도 위력을 발휘하지 못함을 유의하여야 한다. 한국도 롱텀디플레이션으로 진입하게 됨을 앞에서 누차 설명한 바 있다.

제 3 부

부의 탄생

2032년까지 약 10년간 디플레에 제대로 대처하지 못한 사람들의 부(富)는 1/4 내지는 1/5로 쪼그라들게 된다. 한편 디플레를 이기는 투자수단에 따라 대처한 독자들의 부는 4배 내지 10배로 늘어나 있게 된다.

2032년 정도에 시작되는 인플레이션은 또다시 70년 가까이 지속될 것이다. 한편 새로운 인플레이션이 시작되기 직전인 지금이 바로 그동안 팔지도 못하고 가격 폭락을 고스란히 견디어 낸 부동산 소유주들의 최적 증여 시기, 상속 시기이기도 하다.

역시 2013년경부터 한국에 찾아온 초장기 디플레이션을 2032년경까지 지속해서 경험했기에 대중들이 또다시 인플레 경제로 회귀했음을 알지 못하는 것은 당연하다고 할 수 있겠다.

《한국인의 눈물(자식들에게만 전해주는 월급쟁이와 가난뱅이가 부자 되는 방법)》에서 알려 드린 대로 다이아몬드 달러투자법의 이론이 먹히지 않는 곳이 바로 롱텀디플레 경제의 시발점이고 이 롱텀디플레이션의 과정을 지나 다이아몬드 달러투자법이 먹히기 시작하는 곳이 바로 인플레 경제로의 회귀를 알려 주는 시점이다.

2013~2032년까지 지속된 한국의 롱텀디플레이션은 무려 20년이 지난

2032년에야 빼꼼히 인플레이션 경제로 머리를 쳐들게 될 것으로 보인다. 이미 말한 대로 다이아몬드 달러투자법으로 확인하고 각 개인들의 부채비율이 약 100%로 줄어들었을 때가 될 것이다.

투자순서는 역시 1등 기업, 즉 신산업, 주식, 1등급 부동산이 된다. 금은 인플레이션의 누증효과가 나타나기에는 한참 뒤의 일이므로 당분간은 쳐다볼 필요도 없다.

미국 경기가 소생하면서 전 세계의 경기가 소생되자 미국 주식이 먼저 대폭적인 상승을 하게 된다. 이제야 《한국인의 눈물》에서 거론했던 월세투자, 갭투자, 해외투자자의 눈물이 월세투자자 등의 꿈으로 변해 가는 시대를 맞은 것이다.

제대로 대처하지 못한 기존의 부는 몰락의 단계와 이동의 단계를 거쳐 다른 자의 부(富)로 새로이 탄생한다. 부는 주로 현금을 보유한 자에게로 이동한다.

국가는 아무 이해관계가 없다. 인플레이션이나 디플레이션 등은 국부가 외국으로 이동하는 것이 아니라 국민 계층 간 이동에 불과하기 때문이다.

디플레이션은 아무도 정확히는 알 수 없지만 2차 세계대전 발발과 함께 없어진 것으로 보인다. 1945년부터 무려 70년간이나 인플레이션은 지속되었고 이에 힘입어 부동산이나 주식 등 실물 자산을 보유하고만 있어도 인플레이션으로 재산은 늘어나기만 하였다.

이제 전 세계에는 나라에 따라 약간씩 다르지만 롱텀디플레이션이 이미 시작되었고 20년간 롱텀디플레이션이 진행되고 나서야 비로소 다시 인플레이션 경제로 진입할 것으로 보인다. 앞으로 다가올 인플레이션 진입 시기를 정확히 맞추고 아파트나 주식 등 실물 자산을 향후 70년간 보유하기만 해도 또다시 부를 누리게 된다.

즉 또 다른 인플레이션 시대에 맞춰 새로운 부자가 또 탄생하는 것이다. 따라서 지금의 디플레이션 경제를 이해하고 이에 맞춰 디플레이션을 이기는 투자를 하다가 새로 시작되는 인플레이션에 맞춰 투자를 하는 것은 너무나 중요하다. 이것이 바로 디플레이션, 그중에서도 롱텀디플레이션을 미리 공부해야 하는 가장 큰 이유가 된다.

여태까지는 어느 경제학자나 경제연구소나 국책연구소도 디플레이션을 통상의 경기변동인 숏텀디플레이션과 5년 이상 지속되는 롱텀디플레이션으로 구분해서 연구한 적도 없으며 체계화하여 정리한 적도 없다.

오로지 필자만이 디플레이션을 5년 이하인 숏텀디플레이션(Short Term Deflation)과 롱텀디플레이션(Long Term Deflation)으로 구분하여 정리하였고 이에 맞춰 투자도 완벽히 달리해야 함을 주창하고 이를 검증하고 증명하였다. 따라서 본 저서의 투자법에 따라 투자하면 새로운 부자가 탄생하는 것이다.

챕터 14

버핏은 위기 때마다 주식을 대량구매한다

위기 때마다 워런 버핏이 주식을 대량구매하는 이유는 좋은 회사의 주식을 원래 가격의 절반 가까이의 가격으로 대량 인수할 수 있기 때문이다. 즉 모든 위기 뒤엔 항상 큰 기회가 온다는 사실을 알기 때문이다.

위기가 닥쳐야 자기가 사고 싶은 주식을 거저 줍는 가격에, 사고 싶은 큰 물량을 한꺼번에 살 수 있다. 그래서 위기가 닥치고 워런 버핏이 주식에 일명 '몰빵'을 할 때쯤 일반 투자자들도 같이 움직여 주면 큰 기회를 잡게 된다.

워런 버핏은 매월 들어오는 펀드자금을 집행하면서 평상시라면 높은 가격으로 주식을 사야만 한다. 그러나 위기 시에는 폭락한 가격으로 원하는 물량을 한꺼번에 싸게 살 수 있다. 인류가 알아낸 합법적인 투기수단이 주식, 부동산, 원자재 등 몇 가지 되지도 않지만, 이 중 주식투자가 큰 자금을 순환시키기에 편한 투자 방법임에는 틀림없다.

2008년 금융위기, 2020년 코로나-19 시절, 금융위기, 재정위기, 전쟁위기 등등 위기가 오면 주가는 항상 폭락한다. 부동산은 주식 폭락에 뒤이어 한국은 7개월, 일본은 약 5개월 후에 폭락을 시작한다.

이 사실은 약 30~40년간의 FRED의 장기 그래프를 통해서 입증할 수 있다. 한국은 세일러가 주창한 착각의 경제학의 국제수지와 주식, 아파트의 타임래그 그래프 비교로 알 수 있고, 일본은 본서 [그림 2]로 자세히 설명할 수 있다.

롱텀디플레이션이 진행 중인 2009년 2월 [그림 2]의 수직점선 ⑤처럼 일본의 니케이지수가 최저치를 기록한다. 그 후 약 5개월 후인 [그림 2]의 수직점선 D처럼 2008년 7월 일본의 주택지수는 최저치를 나타내고 있다.

즉 주식이 최저치를 기록한 5개월 후에 일본의 주택지수가 최저치를 기록함으로써 주식과 부동산 가격의 가격형성에는 약 5개월의 시차가 있음을 알 수 있다.

주가가 폭락한 후, 항상 뒤따르는 기사는 급락했으니 급등할까 아니면 완만히 상승할까를 다루는 기사다. 흔히 'V'자 'W'자 상승이냐, 'L'자 상승이냐 등등의 논쟁이다. 미리 말하지만 전쟁과 거품 붕괴로 인한 폭락을 제외하곤 어느 경우에나 급락했으면 급등한다.

이는 너무나 당연한 얘기다. 급락 이전의 시세가 뜬구름이 아니었기 때문이다. 그만한 가격은 이룰 만했기에 이룬 것이다. 한국 속담에 '소 잃고 외양간 고친다'라는 말이 있다. 당연히 소를 계속 키울 것이니까 외양간을 고쳐 놓아야 한다.

늦은 것 같지만 꼭 맞는 행동인 것이다. 세계적으로 성공한 투자가들을 보라. 그들은 위기 후에 불쑥 더 커 오른다. 특히 워런 버핏은 위기 시마다 매월 들어오는 펀드 자금을 활용하여 막대한 주식을 긁어모으고 있다.

주가가 폭락하고 나서 사므로 항상 큰 이익을 본다. 평상시 그의 투자 성적은 그리 뛰어난 것은 아닌 것으로 안다. 큰손이나 기관들은 위기 시마다 절반 가격으로 주식을 사 모으고 항상 성공하고 있다.

개미투자자들은 위기 시마다 그들의 주식이나 아파트 등을 절반 가격에 큰손이나 기관투자가들에게 넘겨주고 있다. 인류가 인정한 합법적 투기수단 중 가장 일반화된 것이 주식이요 그다음이 부동산이다. 큰손들은 항상 위기를 기다리고 있다고 봐야 한다.

애플사는 늘 시장금리가 바닥권에 근접했을 때 회사채 발행에 나서 장기자금을 조달하는 절묘한 타이밍으로 주목받고 있다. 이것이 잡스에게는 없었던 쿡 CEO의 전략적 재무관리능력이다. 2019에 3%대였던 애플의 10년 만기 회사채 금리는 현재 1%대로 뚝 떨어졌다.

이 조달자금으로 자사주 매입과 배당에 투자하니 득이 되는 윈윈(win-

win) 투자수단이라 볼 수 있다. 2020년 3월 미국의 FRB는 코로나-19의 대응책으로 또다시 시중에 돈을 퍼부었다. 이 돈을 애플사가 1% 금리로 조달한 것이다.

경기부양을 위해 깎아 준 세금은 큰손들이 혜택을 누려 영업이익 20조의 아마존은 법인세를 한 푼도 안 내도 되었다. 그 결과 아마존, 테슬라, 페이스북, 구글 등의 CRO나 오너는 돈방석에 올라앉았다. 2008년 금융위기 때도 마찬가지였다.

우리나라를 봐도 외국을 봐도, 화폐가 늘어나서 금리가 떨어지는 이득을, 애플 같은 큰 회사가 높은 신용도를 이용해서 이 같은 큰 기회를 잡는다. 위기가 올수록 대기업이 돈을 벌어 가는 구조이다. 반면에 화폐량이 늘어나도 서민들은 24%씩 이자(고금리)를 주면서, 그것도 제대로 못 빌려 쓰고 있는 아이러니를 볼 수 있다.

모든 위기 뒤엔 항상 큰 기회가 온다.
자본주의 국가에서 위기는 대체로 10년 주기로 온다. 우리 속담에 '10년이면 강산도 변한다'는 말이 이를 단적으로 표현한 말이다. 1998년, 10년 후 2008년 금융위기만 봐도 알 수 있다.

우리나라를 기준으로 살펴봐도 주식이나 아파트가 급락한 후 위기만 극복하면 곧이어 급등함을 알 수 있다. 서울 집값은 외환위기 이후 4년 동안 83% 뛰어올랐다. 2008년 금융위기 때 12억 가던 대치동 은마아파트는 2021년 올해 22억 원에 거래되고 있다. 외환위기 후 1998년 한 해 14.6% 떨어진 서울 아파트값은 1999년부터 2002년까지 4년간 82.9% 뛰며 'V 자'로 반등했다.

풀린 돈과 달러 약세로 주식, 아파트 등의 폭등이 구현되고 있음은 주지의 사실이다. 오히려 한국은 코로나 사태에 따른 경제 타격을 선방할 것으로 기대를 모으고 있다.

코로나-19 사태 발생 당시 기준금리는 1.25%로 지난달 16일 0.5% 인하하며 사상 첫 0%대(0.75%)로 떨어졌다. 저금리로 투자처를 찾지 못해 떠돌고 있는 1천여조 원의 유동자금은 집값을 언제든 띄울 수 있는 시한폭탄이다. 대기업들은 애플처럼 한국에서도 저금리로 장기자금을 조달할 기회가 온 것이다.

눈치 빠른 개미투자자들은 이번 폭락장에서 우량주를 사 놓았다. 개미 중 큰손은 1955~1963년에 태어난 베이비부머 세대다. 선진국의 통계를 보면 자기 나이만큼 금융자산으로 재산을 구성한다.

65세는 65%가 금융자산이어야 국제평균에 맞다. 한국은 앞으로 약 10년 정도 재산 포트폴리오를 금융자산 위주로 재구성해야 하는 사회다.

이번에 찾아온 전 세계의 롱텀디플레이션은 인류역사상 가장 큰 도전으로 보인다. 누구도 인정하기 싫고 누구도 아니라고 하고 싶지만 결국에는 롱텀디플레이션(Long Term Deflation)으로 빠져들게 되어 있다.

큰손들처럼 위기를 기회로 활용하려면 미리 이론적 바탕을 머릿속에 저장해 둬야 한다.

챕터 15

모든 것에는 타이밍이 있다

재테크 투자 대상이 되는 모든 자산은 투자해야 할 시기와 회수해야 할 시기가 있다. 따라서 모든 재테크는 최적의 투자 타이밍을 찾아야 한다.

첫째, 투자 타이밍 중 가장 중요한 타이밍은 역시 본 저서의 목표처럼 빅사이클(Big Cycle) 순환투자법을 그대로 따르는 것이다. 돈을 불려 가기 위해서는 주식 → 아파트 → 달러 → 국채의 순서대로 투자하여야 한다. 이 순서를 거꾸로 투자하면 역주행 투자가 되며 큰 손실을 보게 된다.

빅사이클 순환투자법은 앙드레 코스톨라니의 달걀이론의 결점을 뛰어넘는 현대적인 투자이론이다. 위의 4가지 재산에는 투자하지 않으면 안 되는 때가 있고 자금을 회수해서 다음 투자수단으로 가지 않으면 안 되는 이유가 있다.

앙드레 코스톨라니가 생각조차 하지 못한 투자이론이 바로 빅사이클 순환투자법이다. 이 순환투자 과정에서 그가 미처 생각하지 못한 재테크가 달러와의 교체투자 과정이다.

타이밍으로 맞춰야 할 투자시기는 한국의 IMF 상황, 2008년 금융위기, 영국의 브렉시트, 코로나-19 사태 등으로 이처럼 큰 위기 뒤에는 항상 큰 기회가 온다는 사실을 잊지 말아야 한다. 워런 버핏은 거의 매번 큰 위기 시에 큰돈을 주식에 투자한다. 한마디로 최적의 투자 타이밍은 늘 위기와 같이 오는데, 이를 잘 활용하는 투자가가 바로 워런 버핏이다.

둘째, 최적의 재산증여 타이밍도 따로 있다.
최근 부동산에 대한 양도소득세가 폭증하면서 이를 피하려고 자식들에게 아파트를 많이 증여하고 있다. 이때 증여세를 줄이려면 당연히 자산 가격이 가장 쌀 때 증여해야 한다.

일반적으로 현금과 그 등가물은 증여세 과료로 100% 잡히고, 아파트는 약 70%, 단독주택은 60% 정도가 과표로 잡힌다. 평상시 주식과 아파트는 정상 가격으로 거래된다.

즉 현재 가격의 약 35% 가격으로 증여할 수 있다. 공시지가가 시세의 약 70%이고, 불경기의 끝자락으로 증여 시기를 정하면 시세가 약 50% 폭락해 있을 때이다.

정상 가격, 즉 평상시 가격의 35%에 증여하게 된다. 숏텀디플레이션, 즉 일반적인 불경기에만 증여해도 50% 가격으로 증여할 수 있다. 즉 10억×70%×50%=3.5억에 불과하다.

만약 롱텀디플레이션의 절정기에 증여한다면 최고 가격의 약 20% 이하로 증여할 수 있다. 일본의 롱텀디플레이션의 절정기에는 주식과 아파트는 약 80%나 폭락했었음을 기억해 보면 바로 알 수 있다.

이처럼 재산의 투자시기가 증여방법보다 더 중요할 수 있다. 증여세만을 생각한다면 토지나 단독주택을 사서 롱텀디플레이션 절정기에 증여하는 것이 가장 유리하다.

단지 그 타이밍을 찾기가 쉽지 않을 뿐이다. 그러나 숏텀디플레이션 시에 거품이 터지고 불경기의 끝자락에 증여하면 개략적으로 정상 가격의 35%에 증여하게 된다.

롱텀디플레이션의 피크 시에 증여한다면 최고 가격의 약 20% 가격에 맞는 증여세를 내면 된다. 한 가지 첨언한다면 주택연금 가입 시기는 거꾸로 주택 가격이 가장 비쌀 때가 가장 유리하므로 이때 가입해야 한다.

일본의 부동산은 1989년 12월 대세 하락 이후 10년 만인 2007년 7월에 약 80%가 폭락하였다. 결국 정상 가격의 20% 가격에 증여하고 이에 따른 증여세만을 내면 되는 것이다. 1×0.7(공시 가격)×0.2(시세)=0.14이다. 즉 정상 가격의 14% 가격에 증여세 신고를 할 수 있다.

또 하나, 취득가액과 시가에 큰 차이가 날 경우 다주택자나 1가주 2주택일 경우에는 양도세가 중과되는데, 차라리 증여가 더 유리할 수도 있음을 알아 두자.

당장은 증여세가 부담되지만, 향후 자녀가 주택을 처분할 때에는 취득가액이 증여 당시의 가격이 되므로 지금 내야 할 증여세보다 향후 자녀가 매도 시 내야 하는 양도세가 더 적을 수도 있다.

8월 12일부터 조정대상지의 공시 가격이 3억 원이 넘는 주택을 증여할 시에는 부과되는 취득세가 3.5%에서 12%로 오를 예정이다. 그러나 이것도 두려워하지 않아도 된다. 이 취득세는 부동산 취득원가에 포함되니 말이다. 증여받은 후에 팔 때에는 이 금액은 양도세 산정 시 공제대상이 된다.

증여를 활용하는 사람들이 늘어나고 있어 몇 가지 기본적인 팁을 말한다면, 증여를 하기 전에는 크게 1) 어떤 방식으로, 2) 어떤 재산을, 3) 언제, 4) 누구에게 물려줄 것인가를 점검해야 한다. 손자에게 직접 증여하는 방법, 부담부증여, 부부간 교차증여 등 다양한 케이스로 생각해 봐야 한다.

증여세 면세한도를 살펴보면, 납세자가 자금출처를 제대로 입증하지 못하는 경우, 미입증 금액을 증여받은 것으로 간주, 증여세를 부과하고 있다. 다만, 입증하지 못한 금액이 취득재산 가액의 20%와 2억 원 중 적은 금액에 미달하는 경우에는 재산취득 자금 등의 증여추정을 적용하지 않는다.

취득금액/입증/미입증/증여 추정사례를 보자.

사례 1) 5억/3.5억/1.5억/1.5억(취득액 20% 초과로 과표는 1.5억)
사례 2) 10억/8.1억/1.9억/면제(취득액의 20% 미달로 면세)
사례 3) 12억/9.9억/2.1억/2.1억(취득액이 20% 미달되지만 한도액 2억 초과로 과세)

여기서 주목할 점은 사례 2)와 사례 3)의 미입증 금액 차이는 불과 2천만 원이지만 과표 차이는 2.1억이나 된다는 점이다.

주택이 아닌 현찰을 증여하는 경우에는 1.5억을 증여하면 증여세는 (1.5-0.5)×10%=1,000만 원이 된다. 1억 이하는 세율이 10%, 1~5억까지는 20%이다.

무엇보다 국세청 자금출처 소명대상이 되는 경우는 1) 젊은 나이에 부동산 소유주가 된 경우, 2) 금융소득이 2천만 원 이상인 경우이다.

증여액을 추정하는 방법은 그동안 받은 월급을 전부 계산하고 그동안 쓴 현금, 카드 내역을 전부 계산한 후에 증여 전 예금현황, 증여 후 예금현황 등을 전부 확인해 보고 3~5년 후에 소명하라고 하니 미리 준비하여야 한다.

참고로, 아들 돈 5천만 원과 부모로부터 증여받은 2.5억 원으로 아파트를 산 경우, 증여세는 3천만 원이지만, 먼저 증여세를 내지 말고 잔금일에 아들 통장으로 2.5억 원을 부치고 잔금 지불 후에 등기한다.

즉시 법무사에게 가서 2.5억 차용증을 쓰고 연 2% 정도로 차용증을 쓴다. 그 후 매월 42만 원씩 송금받는다. 3~5년 뒤 국세청에서 소명요청이 오면, 차용증을 제시하면 빌려준 것이므로 증여세는 안 내도 되며, 이자소득세를 부모에게 내라고 할 것이다.

이자소득세와 이자가 시중보다 싼 만큼 증여추정세(아주 소액이 될 것)를 내면 된다(몇백만 원도 안 될 것으로 보임). 그 후 10년 동안 자금출처 소명을 받지 않으면 국세 소멸시효는 완성되고, 걸리면 이자소득세만 납부하면 된다.

셋째, 법인을 활용하면 금융소득 종합과세를 낮은 세율로 적용받게 된다. 주식양도차익 등등도 마찬가지가 된다. 법인세율이 개인 종합세율보다 훨씬 낮으므로 활용할 수 있는 법인제도이다.

이 법인제도를 더 확장해서 생각해 본다면 현물출자로 자본금을 10억대 이상으로 올리고 적자배당 등으로 배당금을 대폭 늘리거나 퇴직금을 많이 책정하여 지불하면 될 듯하다.

앞으로 세제가 변경될 수도 있다. 게다가 증여·양도할 시점이 숏텀디플레인가 롱텀디플레인가를 판단해 내야 한다. 그리고 주택연금제도를 이용해서 상속세도 줄일 수 있다. 주택연금 수령액은 부채로 인식되므로 그만큼 상속액이 줄어든다.

넷째, 해외투자도 아무 때나 나서면 폭삭 망한다.

우리나라에서 해외투자에서 나서려면 먼저 원화 → 달러 → 투자국 화폐로 환전 → 투자상품을 현지 화폐로 구입하는 과정을 거쳐야 한다. 즉 달러투자의 과정을 투자할 때와 투자자금을 회수할 때에 반드시 거쳐야 한다. 값비싼 환전 수수료가 왕복으로 들어간다.

국내 달러가 쌀 때 달러를 싸게 사서 해외투자를 시작해야 하고 현지 화폐가 추세적인 강세를 장기간 나타날 것이 예상된다면 투자를 시작하면 된다. 당연히 한국의 원화도 추세적으로 상당 기간 강세를 유지해야 해외 주식이나 채권, 부동산투자에 나설 수 있다.

한 나라의 환율 추이를 전문투자기관들도 못 맞춰 엄청난 환차손을 견디지 못하는 경우가 많고 국내 기관투자가 중 해외투자에 크게 성공한 사례는 거의 본 적이 없다. 이만큼 해외투자는 성공하기 쉽지 않다.

먼저 국내에서 투자하지만 달러투자와 효과가 똑같은 달러 예금도 해외투자와 똑같다. 앞으로 국내 달러는 30%는 무난히(?) 폭락한다. 따라서 달러 예금은 달러를 모은다는 의미는 있겠지만 앞으로 달러 가격이 내리므로 큰 환차손을 보게 된다.

수출입 업체들도 달러의 가격을 예측하지 못해서 그대로 은행에 달러 예금을 하는 경우가 많다. 이들은 계속 수출입을 하므로 달러의 등락과 큰 관계는 없다.

달러로 수출대금을 지불하면 달러 가격 등락과 별 관계 없이 움직여도 된다. 하지만 이 기업들이 보유한 몇백억 달러가 달러의 장기 하락추세를 확인하는 순간 이 달러는 국내시장에 쏟아진다.

중소기업들에 주로 판매되어 국내에서 사기판매라는 말을 들었던 KIKO 사태를 기억해 보라. 은행이 적인가 친구인가를 판별해 내야 한다. 달러투자, 즉 해외투자는 스스로 앞으로의 환율을 예측하고 그 결과에 맞춰 투자해야 한다.

또 하나 달러보험이 있다.
외화, 즉 달러로 가입하는 보험인데 보험료 불입과 보험금 수령을 직접 달러로 한다. 환율이 오르면 매월 불입하는 보험료가 원화 기준으로는 더 들어간다. 보험 기능과 달러 모으기 기능이 합쳐져서 그동안 항상 달러 오름세에서 평생을 살았던 우리나라 투자가들에게 인기가 있는 보험상품이다.

향후 달러 시세를 예측해서라기보다 항상 달러는 올랐다는 생각에서 달러 예금보다 이율이 약간 높고, 환차익까지 누릴 것이라는 장밋빛 전망에 따라서 가입자가 늘어나고 있다. 이율은 연 2~3% 정도다. 달러 예금은 연 0.1~0.2% 수준이고….

이 상품은 만기나 사고 시의 수령 시기의 환율이 중요하다. 필자의 예측대로 평균 20~30% 손실은 무난(?)하다고 본다. 그래도 가입하고 싶다면 미리 손실을 대비한, 즉 예측했지만 가입하는 것으로 생각해야 한다.

증권회사, 은행, 보험회사 등의 특판상품은 대개 함정이 있음을 경험을 통해서 알아야 한다. 즉 항상 반대쪽으로 생각해 보고 판단해서 사입하거나 중지해야 한다.

단지 달러보험은 달러가 폭등했을 경우 이자나 환급금을 무시하고 해약하면 대처는 가능하다.

"미래에셋, '브라질 부동산펀드' 투자자에게 투자원금의 50% 선제적 보상 추진"

2021년 2월 6일자 〈파이낸셜〉 기사 제목이다.

브라질 헤알화 폭락으로 투자한 부동산 펀드는 수익을 봤지만 실제로는 엄청난 평가 손실을 엄청나게 입었기에 알아서 손실의 50%를 벌충해 준다는 기사다. 날고 긴다는 미래에셋운용이 공모한 펀드로 약 2천400명이 투자한 800억 원이 대상이다.

그들의 속사정과 실제 피해액은 자세히 알 수 없다. 이처럼 기관투자가도 대실패하는데, 하물며 개인투자가 해외투자에서 성공할 수 있을 가능성은 거의 없다. 일본의 와타나베 부인들의 달러캐리투자도 실패했다. 그들의 돈은 유령달러가 되어 귀국도 못 하고 있다.

호주 해안가의 수영장이 있는 집, 뉴욕 맨해튼의 가게, 베이징 왕징의 아파트 등 해외 부동산에 눈을 돌리는 사람들이 늘고 있다. 부자만 해외 부동산을 소유할 수 있는 것은 아니다.

유학생을 둔 가정이나 해외에 취업하고 있는 사람들은 현지에 부동산을 소유하는 것이 더 유리할 수 있다. 해외 부동산투자는 해외에서 2년 이상 거주한다거나 해외 법인을 설립하는 경우도 있다.

국내에는 부동산 관련 세금은 내지 않고, 부동산으로 인한 소득에 대한 세금만 내면 된다. 예를 들어 부동산 취득세, 부가가치세, 재산세, 종합부동산세, 환율에 따라 발생하는 환차익에 대한 세금은 국내에 내지 않아도 되지만, 임대 소득에 대한 소득세와 부동산을 되팔아 생긴 소득에 대해서는 국내에 세금을 내야 한다.

단, 소득세는 해외 현지법에 따라 세금을 납부한 경우 이중과세 조정을 위해 국내에 납부할 세금에서 공제를 받거나 필요 경비로 산입할 수 있다.

중국의 외국인 부동산 구입 규제가 10년 만에 완화되어 외국인도 두 채 이상의 집을 구입할 수 있게 되었다. 그러나 상하이 등 대도시에서는 여전히 한 채의 부동산만 구입이 가능하다.

중국 주택건설부, 상무부, 국가발전개혁위원회, 인민은행, 공상총국, 외환국 등 6개 기관은 27일 해외 기관과 외국인의 중국 부동산 구매 전면 허용을 골자로 한 '중국 부동산시장 외자 진입 및 관리 유관 정책 조정에 관한 통지'를 공동 발표했다.

기존에는 외국 국적 보유자는 중국에서 근무 혹은 공부를 위해 1년 이상 거주한 경우에만 한 채의 집을 구입할 수 있었으나 이번 개정을 통해 거주 기간에 상관없이 두 채 이상의 집을 구입할 수 있게 되었다.

주택건설부가 2006년 발표한 '중국 부동산시장 외자진입규범과 관리의견' 중 일부 조항들도 개정됐다.

외자 부동산 기업이 중국 내 대출, 해외 대출, 외화차입금의 결산을 위해서 반드시 등록자본금을 모두 납입해야 하는 기존의 조항 역시 삭제됐다. 또한 중국 국내 혹은 해외에서 근무, 학습 중인 외국 국적 보유자는 hr369.com을 통해 원하는 집을 직접 구매할 수 있다.

그러나 상하이 등 대도시에선 기존의 정책대로 한 채의 집만 구입할 수 있다. 현재 상하이 같은 대도시에선 중국 국적이 있어도 해당 지역의 호적이 없으면 부동산을 구입할 수 없다.

따라서 비상하이 호적자인 외국인도 상하이시가 시행령을 개정하지 않는 이상 2년 이상 사회보험 또는 개인소득세를 납부해야 주택 구매가 가능하며, 기존 구매자의 추가 주택 매입은 힘들 것으로 보인다.

다섯째, 금(Gold)투자도 아무 때나 하는 것 아니다.
금은 코로나-19 팬데믹 이후 가파르게 상승한 자산 중 하나다. 금을 안전자산으로 선택하는 경우가 늘고 있는 것 같다. 가파른 상승세에 따라 단기적인 투기 수요도 더해진 것으로 보인다.

"화려한 시절 갔나… 힘 빠진 금값 언제 오를까"

2021년 4월 2일자 〈한국경제〉 기사 제목이다.
한때 치솟던 금값이 안전자산 선호심리의 훼손과 금리 상승 부담으로 코로나-19 이전 가격으로 떨어졌다는 내용이다.

필자의 독창적 연구결과인 다이아몬드 달러투자법에 따라 금과 달러의 방향은 반대쪽이다. 그러니까 달러와 금에 동시에 재산의 절반씩을 투자하면 장기적으로 변동성을 100% 없애고 안전하게 재산을 지키는 효과를 기대할 수 있다.

그렇다면 금은 리스크가 없는 안전자산일까.
금은 주식이나 채권과 달리 배당이나 이자가 없다. 금 현물을 사는 것은 부가가치세 10%와 금 세공비, 수수료 등을 모두 포함한 비용으로 통상 15% 안팎을 내야 한다.

은행이나 증권사에서 골드바를 사는 방법도 있고, 이 경우에도 부가세 10%, 거래 수수료는 5%가 붙는다. 그러니까 금을 실물로 산다면 15% 정도 올라봤자 본전, 이후부터 수익이 난다는 말이다. 전쟁염려증으로 반드시 금고에 금 실물을 보관해야겠다는 분이 아니라면 굳이 현물을 살 이유는 없을 것 같다.

현물을 사지 않고도 투자할 수 있는 방법이 있다.
첫 번째는 한국거래소 금시장에서 현물을 거래하는 법, 두 번째는 은행의 골드뱅킹, 금통장이 있다. 돈을 저축하듯이 금을 저축하는 통장이다. 마지막으로 금펀드, 금ETF 같은 금투자상품에 투자하는 방법이 있다.

환율과 별개로 금ETF만의 확실한 강점도 있다. 일일 금 가격의 두 배만큼 수익을 내거나 손실을 보는 레버리지투자를 하고 싶다거나, 금 가격이 떨어질 것 같으니 인버스투자를 하겠다고 생각한다면 국내상장 금ETF가 대안이 될 수 있다.

통상 국내 가격이 국제 가격보다 약 1% 정도 더 비싸다. 국내 금값이 국제가보다 비싼 이유는 수요가 많아서다.

평상시에는 달러와 금의 가격은 반비례 관계에 있다. 바로바로는 아니지만 결국에는 금과 반비례 관계로 수렴함을 [그림 16]을 통해서 먼저 확인할 수 있다. 한 그래프에 긴 기간을 기록한 것이므로 결국에는 달러 가격과 금 가격이 반비례 관계가 형성됨을 확인할 수 있다.

[그림 16]의 수직점선 ①을 보면 맨 위 그림의 달러 가격이 최저이며 중앙 그림의 금 가격은 최고치에 가깝다. 수직점선 ②를 보면 달러가 올라서 최고치를 보여 주고 있고 금 가격은 최저치를 막 지난 가격이다.

수직점선 ③을 보면 달러는 역대 최저치이고 금은 아직 최고치는 아니지만 곧 급등하여 최고치를 기록하기 직전임을 알 수 있다. 이를 응용하면 금투자 시기를 결정할 수 있고 금 가격의 추세적인 변동을 이용해 투자를 단행할 수 있다. 롱텀디플레 시에는 금 투자시기와 회수시기는 [그림 17-1]을 통해서 달러와 약 5개월의 시차를 두고 해야 함을 자세히 설명한 바 있다.

또한 국제 금 가격과 한국 금 가격은 당연히 다르다. 세금 차이 등이 그 이유이다. 한국인들은 금을 좋아하니 몇 가지 팁을 정리해 보자.

팁 1) 국내 금 가격의 결정
KRX 금시장을 개설하여 2014년 3월부터 국제 금 가격을 환산하여 국내 거래 금 가격을 결정한다. 한국 내 금의 거래 단위는 한 돈, 두 돈이다.

팁 2) 금 가격이 싼 곳은 홍콩, 두바이, 일본 등등이다.
홍콩은 모든 공산품은 완전히 면세 처리되는 곳이다. 따라서 한국으로 들여오기만 하면 부가세 10%와 관세 3%를 합쳐서 13%가 더 비싸진다. 거래 가격도 국내보다는 약간 싸다. 그러나 2020년 홍콩은 국가보안법 통과로 많은 변화가 예상된다.

사실 금은 그냥 귀금속이기에 특별한 수출입 면허 등이 필요한 것도 아니다. 단지 세금이 부과되므로 수출입 시에는 신고하여야 함은 물론이다. 신고하지 않고 국내로 들여오기만 하면 13%의 마진이 나온다.

보관하기도 운반하기도 쉬워서 밀수꾼들이 가장 좋아하는 선호품 중 하나다. 밀수품 단골 1호 물품이다. 1kg당 약 13.3%의 마진이 나온다. kg당 약 600만 원의 차익이 나온다.

일본도 홍콩에서 밀수한 금의 주 수입국이다. 그 이유는 역시 세금 차이다. 일본은 한국의 부가가치세에 해당하는 소비세는 얼마 전 5%에서 8%로 인상되었지만, 8% 마진이 나오는 것이다.

일반적으로 금값이 싼 곳이 아랍에미리트(U.A.E.)의 두바이(Dubai)로 알려져 있다. 두바이에 있는 오래된 수크는 단연코 300여 개 이상의 상점이 있는 금시장(Gold Souk)이며 이곳은 세계에서 가장 큰 금시장이다.

세계적으로 금값은 거의 비슷비슷할 수밖에 없는데, 두바이도 역시 세금이 VAT가 5%여서이다. 순수한 금값에 가공비가 포함된 금 장식품은 어느 곳에서나 흥정이 가능하다고 보면 된다.

결국 금괴 밀수는 세금 빼먹기인 셈이다. 즉 탈세로 마진이 남는 것이다. 전문 탈세범들은 수출품의 영세율 제도를 이용하여 큰 탈세사건을 만들어 낸 적도 있다. 해외여행 시 금이나 금제품을 사면 입국 시 신고하여야 하며 신고하지 않으면 밀수가 된다.

가격을 낮게 신고하여도 밀수에 해당하며 개인물품으로 면세범위 내의 물건을 반입하여 판매하여도 정확히는 밀수에 해당된다. 한 번 적발되어도 세관장에게 주어진 통고처분 권한만으로도 약식처분이 가능하며 벌금을 물릴 수 있다.

팁 3) 금에 대한 투자자들의 오해
골드바는 99.9%와 99.99%가 있다. 금거래소에서는 99.99%만 취급하며 당연히 후자가 약간 더 비싸다. 그러나 금은 매수하는 순간 4%의 관세와 10%의 VAT를 납부하게 되므로, 즉 14%가 그냥 세금으로 날아간다.

이를 현금화, 즉 팔 때는 약 1~2%의 감정평가료가 또 들어가며, 50만 원 이상의 귀금속 가공의 경우에는 특별소비세 50만 원이 부과된다. 한국의 시중 금들은 세금이 외국보다 높아서 시중 유통되는 금의 80% 이상은 밀수품으로 간주된다고 한다.

그러나 보관이나 상속, 증여가 용이하여 국세청에 적발되지 않기에 불법 상속재산으로도 인기가 좋다.

여섯째, 달러 예금도 가입 최적기에 맞춰야 한다.
2020년 8월 말 달러 예금을 비롯한 거주자 외화예금은 전달에 비해 28억 7천만 달러 늘어난 874억 달러로 사상 최대치를 기록했다. 7월부터 코로나-19 재확산 분위기로 인해 기업과 개인이 앞다퉈 대표 안전자산인 달러 확보에 나서고 있는 것 같다.

달러 예금은 내국인과 국내 기업, 국내에 6개월 이상 거주한 외국인, 국내에 진출한 외국 기업 등이 은행에 맡긴 돈을 말하는데, 이 중 기업이 보유한 달러 예금이 약 556억 달러로 전체의 약 64%에 달한다.

해외투자에도 달러 예금에도 성공의 조건이 있다. 해외투자한 주식이나 부동산은 최소한 매입가격 이상을 항상 유지하여야 한다. 따라서 국내 환율이 장기적으로 오름세일 때 해외로 나가야 한다.

장기적으로 한국의 국내 달러는 800원 아래에서 그냥 주울 수 있다고 예측한다. 결론적으로 환율 오름세와 폭, 주가 오름세와 폭. 이 2가지를 맞추지 못한다면 해외투자에 나서지 말라.

해외투자를 권하는 금융회사의 권유에 속지 마라. 헛된 꿈을 꾸지 마라. 오히려 앞으로는 국내에 큰 기회가 있음을 알아야 한다. 그 이유는 엄청나게 풀린 돈과 달러의 지속적인 하락에 있다.

만약, 장기환율을 제대로 예측하지 못하면,

첫째, 바로 역주행 투자를 하게 된다.
대표적인 역주행 투자는 바로 한국의 IMF 직전 일본의 와타나베 부인 등이 해외에 투자한 사례이다. 일본이 지금 해외투자한 돈은 무려 3조 5천억 달러다.

이 돈은 나갈 때 환율(1달러당 약 360엔)과 지금의 환율(1달러당 약 110엔) 차이로 몇십 년째 일본 국내로 귀국도 못 하고 국제금융시장을 유령처럼 떠도는 유령달러(ghost dollar)가 되었다. 지금 해외로 나가는 한국인의 자금도 마찬가지로 유령달러가 된다. 이것이 바로 역주행 투자의 표본이 된다.

결국 지금 왕성한 해외투자는 결국 폭삭 망한다는 뜻이다. 현지의 투자자산이 올라도 귀국 시에는 환율 하락으로 결국은 손해가 되기 때문이다. 은행이나 증권회사, 정부의 말을 들어서 크게 성공한 적 있는가? 그들의 권유는 전부 개미지옥(ant lion)이다. KIKO, ELS, ELD, 브라질 국채, 달러 RP 등등 기억도 생생할 것이다. 전문업자들의 말은 항상 역발상하는 버릇을 들여야 한다.

아무리 달러를 좋아해도 머잖아 달러는 800원 아래로 폭락한다. 그 후 추세는 숏텀디플레이션이 시작되는 경우와 롱텀디플레이션이 진행되는 경우 달러의 향방이 다르긴 하다. 미국 배당주투자는 망하는 첩경. 따르지 마라.

요즘 국내 주식시장이 답답하다며 미국 배당주에 투자하는 사람들이 늘어나고 있다고 한다. 그러나 이것은 하나만을 알고 둘은 모르는 투자다.

모든 해외투자는 결국 달러로의 환전 과정을 거치므로 달러투자인데, 현지에서 돈이 아무리 남아도 국내 달러 가격이 내리면 그뿐이다. 즉 환전할 시에는 손실 금액이 확정된다. 인도네시아 말레이시아 베트남에 투자한다고 하면 달러투자 + 현지화 투자 + 현지 자산의 상승에 대한 투자로 동시에 3가지가 올라야 돈을 먹게 된다.

한국의 기관투자가나 금융회사들은 이런 복잡한 투자에는 100전 100패 한다. 일본의 노무라 증권도 100전 110패 해 왔다. 한국은 투자은행조차 하나 없는 나라다.

일본의 와타나베 부인들의 해외 달러투자분은 아직 귀국도 못 하고 있어 필자는 이를 유령달러(ghost dollar)라고 명명하였다. 일본의 플라자합의 이전 1달러는 360엔이었다. 그 후 엔화 강세, 즉 달러 약세는 지속되어 2016년 한때에는 78엔을 찍었다. 아베가 헬기로 돈을 10년간 뿌려도 아직도 110엔이 안 된다.

아베노믹스의 목표는 엔화 가격을 떨어뜨리는 것이다. 《한국인의 눈물(자식들에게만 전해주는 월급쟁이와 가난뱅이가 부자 되는 방법)》에서 발표한 롱텀디플레 판단법에 따르면 일본은 아직도 디플레가 진행 중이다. 즉 아베노믹스는 헛일이 되었다.

만약 일본인이 미국의 배당주에 투자해서 투자원금의 461.5%의 배당수익을 봤다면 겨우 본전은 된다. 엔화의 지속적인 강세 때문이다. 360/78

×100=461.5%이기 때문이다. 그 이하라면 무조건 본전 이하다.

미국을 포함한 해외투자 시에는 성공의 전제조건 2가지를 먼저 지켜야 한다. 일본인들은 배당수익 + 시세 차익으로 461.5%의 수익을 보면 될 것 같지만 언어도 안 통하고 관습도 안 통하는 미국 주식을 사서 성공한다는 것은 낙타가 바늘구멍을 찾는 격인 것이다.

오히려 국내시장에 큰 기회가 오고 있다.
바로 환율 때문이다. 해외투자를 권하는 금융회사의 권유에 속지 마라. 일본의 국내 달러 가격은 약 50년간 360엔에서 78엔까지 폭락했었다. 원화는 1천200원에서 얼마까지 오를까를 알아야 한다.

챕터 16

선 주식, 후 부동산

재테크로 크게 성공하려면 [그림 19]처럼 투자 중인 돈을 (1) 주식, (2) 아파트, (3) 달러, (4) 국채의 순서에 따라 순환투자하여야 한다. 4가지 재산을 한 바퀴 도는 데에는 강산이 한 번 변하는 데 걸린다는 10년 세월이 걸린다. 한 바퀴 순환투자해야 하는 기간이 약 10년이어서 빅사이클(Big Cycle) 순환투자법이라고 명명하였다.

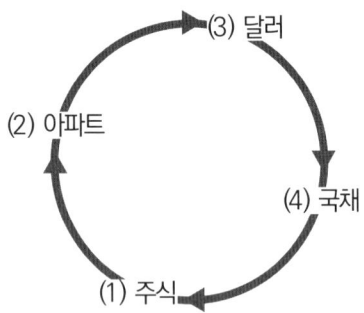

[그림 19] 빅사이클(Big Cycle) 순환투자법 개념도 (1)

재테크 투자자들이 가장 평범하면서 가장 헷갈려 하는 것이 부동산이 먼저냐, 주식이 먼저냐의 궁금증이다. 결론을 먼저 말하면 항상 주식이 먼저다. 이것 하나면 제대로 익혀도 이 책을 읽은 효과는 거의 다 본 셈이다.

이는 약 30년간의 추이분석 결과 밝혀진 것이니 의심할 필요도 없다. 미국의 경상적자 규모는 세계 경제성장에 직접적인 영향을 끼치며, 미국의 경상수지 적자규모를 확대시키면 호황이 찾아오고 축소시키면 불황이 찾아온다. 미국은 전 세계 경제의 25%를 넘을 정도의 경제대국이다.

미국이 기축통화의 가치를 유지하려면 경상적자를 줄여야 하지만 이를 줄이면 세계 경제는 불경기로 진입한다. 결국 이것 하나로도 미국은 경상수지 적자폭을 활용하여 세계 경제를 볼모로 잡은 것과 같다.

한국경제는 국제수지가 좋아지고 나서 약 1년 후 먼저 주식시장이 오르기 시작한다. [그림 21]처럼 그 후 약 7개월 후에는 이제는 부동산, 특히 다른 부동산에 비해 유동성이 더 좋은 아파트가 부동산 중에서도 먼저 서서히 용트림을 시작한다.

내릴 때에는 당연히 반대다. 만약 국제수지 적자가 지속되는 현상이 나타난다면, 이를 국내에 경제위기가 찾아온다는 사전 정보로 활용할 줄 알아야 한다는 점이다.

한국시장의 분석결과는 부동산이 주식시장에 이어 약 7개월 후행하고 [그림 2]처럼 일본은 부동산시장이 약 5개월 더 늦게 움직인다. 1990년 일본 붕괴 시에는 약 3개월의 시차를 두고 부동산시장이 붕괴했다.

일본은 한국보다도 단독주택 비중이 훨씬 높지만 한국보다 움직임이 약 1개월 더 빠르다. 2010년 부동산지수가 발표되기 시작한 이후의 일본의 니케이지수와 부동산지수의 변동추이를 봐도 약 5개월의 시차가 남을 [그림 12]로 한 번 더 확인 가능하다.

일반적으로 주식과 아파트의 움직임에 시차가 나는 이유는 유동성의 차이와 거래 가격의 차이 등으로 이해되나, 한국과 일본의 부동산의 반응속도 차이는 1개월 정도이므로 거의 같다고 볼 수 있다.

숏텀디플레이션하에서라면, 즉 보통의 불경기 중에는 이 주식과 아파트의 시세 반응 속도를 이용하여 시간차 공격이 가능하다.

빅사이클 순환투자법, 즉 재테크 기초이론상 아파트나 주식에의 투자는 다이아몬드 달러투자법에 따라서 투자해야 한다.

미국의 무역적자가 늘어나면 달러는 약세가 되고 현지화는 강세가 된다. 이 경우에는 주식과 아파트는 무조건 사야 한다. 이런 경우, 즉 환율의 변동에 따른 주식과 부동산의 가격 변동은 지속적이며 가장 강력하다.

다이아몬드 달러투자법에 따라 달러 가격이 가장 쌀 때가 주식이 가장 비쌀 때이며 이때가 주식을 팔고 달러를 사야 하는 타이밍이다. 이때가 달러대출을 받아야 할 타이밍이기도 하다. 이와 반대로 달러 가격이 가장 비쌀 때가 국내 주식 가격이 가장 쌀 때이다. 이를 현실에 대입하기만 해도 두세 가지의 확실한 투자 방법이 생겨날 것이다.

환율의 하락에 따른 자산 가격의 폭등은 정부에서 규제책을 펼 방법도 없어 대폭등을 막을 수도 없다. 잘못하면 환율조작국으로 지정되기 때문이다. 이제 한국에 다가오는 달러 가격의 장기적 하락세, 즉 1985년대의 일본처럼 원화 자산들의 마지막 축제가 오고 있다.

1천200원에서 860원으로, 환율의 마지막 바닥은 훨씬 더 아래로 짐작되지만 너무 낮아 발표하기 곤란할 정도이다. 매번 찾아오는 통상적인 불황 때의 아파트, 주식 투자 방법과 롱텀디플레 시대의 투자 방법이 완전히 다르다는 사실을 절대로 잊어서는 안 된다.

숏텀디플레이션 시에나 롱텀디플레이션 시대나 같은 방법으로 투자하면 100% 폭삭 망한다. 모든 것이 폭락하는 이런 롱텀디플레 현상들은 기존의 경제학 이론으로는 설명할 수도 해결할 수도 없다.

일본은 이를 30년 이상 해결하지 못하고 헤매고 있다. 필자는 롱텀디플레를 최초로 분석하고 새로운 투자법을 소개한다. 주식이나 부동산의 투자는 어려운 게 아니다. 큰손들이 움직일 수밖에 없는 순서에 맞춰 투자하면 된다.

기관투자가 등 전문투자자들은 차례대로 반드시 가야 하는 길과 순서가 있다. 정해진 이 '길'과 '순서'를 역행하는 역주행 투자는 큰 손실로 귀착된다.

다시 말하지만 숏텀디플레이션하에서라면, 즉 보통의 불경기 중에는 이 주식과 아파트의 시세 반응속도를 이용하여 시간차 공격이 가능함을 잊지 말아야 한다. 또 한 번의 투자기회가 남아 있는 것이다. 즉 주식시세가 완전히 꺾였음을 확인한 후 주식을 팔고 아파트의 마지막 급등기를 즐겨야 한다.

대개의 경우 기관투자가 등 큰손들이 주식시장의 대세 하락을 유도한다. 이들의 매도 시기는 삼세번의 원칙에 따른 금리가 가장 큰 기준이 된다.

[그림 21]의 빅사이클 순환투자법 개념도 (2)에서 보듯이 주식시장이 꺾인 후 약 7개월 후 아파트는 대세 상승 말기가 된다. 아파트가 최고 시세일 때라면 위에서 기술한 대로 달러가 가장 쌀 때가 된다. 즉 달러 가격이 바닥일 때의 주택지수는 최고치이므로 이때 아파트를 팔고 달러를 산다.

주식시장은 이미 붕괴한 후 7개월이 지났고 아파트는 이제 고점이다. 아파트 붕괴가 임박했으므로 기관투자가 등은 가장 싼 달러를 사들인다. 아파트 붕괴가 시작하면 달러는 급등한다.

달러가 꼭대기에서 주춤거리거나 상승률이 점점 줄어들면 이젠 달러도 팔아야 한다. 일정 기간, 즉 금융위기 등 위기가 끝나면 달러 가격은 평상시 가격으로 되돌아온다. 경제가 정상화되는 시점을 바로 달러 가격의 정상화 시점으로 보면 맞다.

달러 꼭대기 즈음에서 이제는 달러를 팔고 국채로 가야 한다. 버블을 잡기 위해서 금리는 꼭대기에서 이미 두세 차례 올라 있을 것이다. 다가온 불경기를 이겨 내야 하니까 이어서도 금리는 지속적으로 내려야 할 운명이다.

금리가 내리면 채권 가격은 급등한다. 금리가 1% 내리면 10년물 국채 가격 기준으로 약 8%가 급등한다. 기나긴 불경기를 지나는 동안 금리는 제로 수준으로 떨어지고 현금 가치는 상대적으로 급등한다. 아파트와 주식 가격이 줄곧 내리기 때문이다.

불경기가 끝나고 미국의 경기가 회복되기 시작하면 이제는 또다시 주식시장이 꿈틀대기 시작한다. 이때 국채를 팔고 다시 주식으로 자금을 이동시키는 공식이 항상 적용된다.

이 빅사이클 순환투자법은 전 세계 어느 나라에서나 그 순서가 같고 항상 적용된다. 여태까지 우리들은 달러로의 교체투자 과정이 반드시 필요하다는 사실을 모르고 투자해 왔다.

달러 기축통화제에서는 달러가 가장 중요한 재산이다. 즉 달러가 전부다. 다음의 [그림 20]처럼 앙드레 코스톨라니의 달걀이론도 현실에 적용시키기엔 안 맞는 이론이지만 필자가 처음으로 주창한 이 빅사이클 순환투자법은 항상 옳음을 알 수 있다.

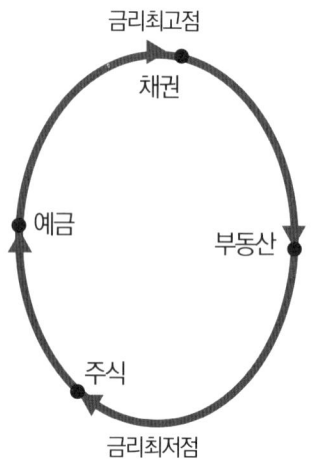

[그림 20] 앙드레 코스톨라니의 달걀이론

간단히 그냥 보더라도 달걀이론은 달러와의 교체투자 과정이 없다. 투자 순서도 (1) 주식 → (2) 예금 → (3) 국채 → (4) 부동산의 순서대로 투자하라고 말하고 있다.

이 달걀이론은 현실적으로 맞지 않는 것이 너무 많으므로 무시하고 필자의 빅사이클 순환투자법을 공식처럼 따르기 바란다.

챕터 17

공포의 숏텀·롱텀디플레이션 전쟁
– 공매도와 신용은 반대의 투자기법

공매도(short stock selling)란 향후 주가가 하락할 것으로 예상되는 종목의 주식을 빌려서 판 뒤 주가가 하락하고 나서 싼값에 되사서 빌린 주식을 갚는 것이다. 즉 비쌀 때 빌려서 판 주식을 쌀 때 되사서 갚음으로써 차익을 얻는 매매기법이다.

원래 주식은 단기간에 공매도로 버는 것이다.
세계적인 투자가들은 주로 공매도로 큰돈을 벌어들이고 있다. 일반적인 불경기, 즉 숏텀디플레이션에 돌입했을 때 단기 2~3년간의 주가 하락폭을 경험해 본 사람들은 공매도가 매력적인 투자법이란 것을 다 알고 있다.

1) 1988년의 한국의 경기하강기로 인한 거품 붕괴 시의
   2~3년간 주가 하락폭
2) 1998년 대표적인 금융위기인 IMF 당시의 한국 코스피의
   2~3년간 급락 상황

3) 2008년 서브프라임 금융위기 당시의 단기간 주가 하락폭
4) 영국의 브렉시트 당시의 주가폭락

이 숏텀디플레이션 사례들을 분석해 보면 주가폭락 당시 공매도를 이용해서 큰 이득을 취할 수 있었을 것으로 짐작된다. 숏텀디플레이션을 활용한 공매도 세력과 개인투자가 사이의 돈의 이동. 바로 숏텀디플레를 이용한 세력 간의 돈의 전쟁이었다.

다음으로 롱텀디플레이션 상황에서의 돈의 전쟁 사례는 역시 일본의 사례로써 살펴볼 수 있다.

1989년 일본 대붕괴는 롱텀디플레이션의 표본이다. 보다 정확히는 1988년 12월 이후의 일본 니케이 주식시장의 변화를 보라! 1989년 초, 일본의 주가폭락은 롱텀디플레 전쟁의 표본이다.

누군가에게는 불과 2~3년 이내의 짧은 기간 50% 정도의 초과이득을 취할 수 있었음이 그래프로 확인된다. 장기적으로는 무려 80~90%의 공매도 이득을 취할 수 있는 롱텀디플레이션을 이용한 돈의 전쟁이다.

주식투자를 해 본 사람은 대형주 주식들은 거의 영원히 상한가를 기록하지 못함을 알고 있다. 우량주에 속하는 대형주의 20~30% 주가상승에는 엄청난 기간과 거래가 소요된다. 삼성전자 등의 초대형 우량주가 20~30% 오르려면 기간이 얼마나 걸리는가를 보면 안다.

그러나 이 우량주들도 대세 하락기에 들어서면 불과 1~2년 만에 30~50% 이상의 대폭락을 하게 된다. 그래서 이 기회를 독점적으로 사용하는 한국의 공매도 제도는 그만큼 매력적인 투자수단이 된다.

그동안 한국의 개인투자가들은 공매도 자체에 접근할 수도 없었다. 공매도는 오로지 국내외의 기관투자가들과 외국인들에게만 주어진 특권이었다.

거품 붕괴로 인한 급락을 이용해 단기간에 공매도로 큰 이득을 취하는 기법이야말로 숏텀·롱텀디플레를 이용하는 돈의 전쟁임이 다름없다.

한국의 공매도 제도는 이보다 더 불공정할 순 없다. 불공정한 게임을 독점적으로 펼 수 있기 때문이다. 즉 공매도에 참여하지도 못하고 속수무책으로 주가폭락을 맞게 되는 개인투자가들은 순식간에 재산이 줄어든다. 반대로 공매도 세력의 재산은 순식간에 급증한다.

공매도는 주식의 가격이 단기간 급격 상승할 경우, 매도 물량을 증가시켜 주가를 정상 수준으로 되돌리는 등 일종의 가격 조절기능을 한다.

이는 차입공매도와 무차입공매도로 구분되는데 무차입공매도는 2000년 4월에 공매도한 주식이 결제되지 않는 사태가 발생하면서 금지되고 있다.

주식투자자들은 주식이 오를 때는 너무 조금씩 서서히 오르지만 내릴 때에는 단기간에 급락하는 현상들을 보아 왔다. 모든 주식은 급등하면 급락한다. 즉 공매 시점을 잘 잡아 공매도를 치면 단기간에 큰돈을 벌 수 있다.

이렇게 좋은 투자수단이어서 그런지 한국에서는 공매도 권한을 기관투자가와 외국인들에게만 허용하고 있다. 지금의 기관투자가나 외국인의 펀드 등 큰 자금은 페이스메이커(Pacemaker)로서 시장을 지배하고 있다.

최근 동학개미라는 별명을 얻은 개인투자가들은 잠시 득세했지만, 원래 주식이란 외국인이나 기관들이 사지 않으면 오르지 않는다. 개인투자가들이 주가를 올릴 수는 없다.

반대로 이들이 팔면 무조건 내린다. 단지 기관투자가들도 일방적 매도나 매수의 합치된 행동을 보이기 전에는 쉽사리 공매도에 성공할 수는 없다.

한국의 공매도 제도는 공매도 대상 종목의 제한도 없으며 외국인과 국내 기관투자가들에게만 허용되어 있다. 금융당국에서는 내국인에게 공매도 제도와 비슷한 대주제도를 허용해 주었다고 말하지만 이 제도는 유명무실하다. 대주 대상 종목도 거의 없으며 이마저도 증권회사들이 잘 해 주지 않는다.

증권회사들이 보유한 종목 내에서만 대주가 가능함은 물론이다. 증권회사가 수십 개에 달하니 A 증권회사에서 가능한 대주주식이 B 회사에서는 불가능한 경우도 많다. 따라서 대주를 원하는 사람은 하고 싶은 대주가 제공되는 증권회사를 찾아서 헤매고 다니거나 포기해야 한다.

또한 공매도에 성공할 만한 종목은 고객에게 빌려주기보다 직접 공매도를 하는 것이 증권회사에게 절대적으로 유리하므로 대주를 제공하기보다는 직접 공매도를 하는 것이 증권회사에게는 더 큰 이득임은 물론이다.

한국의 공매도제도. 이렇게 불공정할 수는 없다. 공매도는 내 돈이 전혀 없어도 투자할 수 있는 극히 기울어진 운동장이다. 게다가 돈벌이가 될 만하니까 개인투자가는 출입금지다.

필자는 이렇게 기울어진 운동장을 계속 제공해 준 금융당국 안에 돈을 벌어 갈 같은 편이 숨어 있을 것이라고 생각한다.

원래 주식시장은 투기적 수요가 없다면 매매 자체가 일어나지 않는 시장이다. 하루에 상하한가라는 제도를 두고 지나친 시세의 변동을 제한하고 있지만 어느 기업이 하루아침에 현재 상한가인 30%씩이나 기업의 가치가 변동될 수는 없는 것이다.

하루에 5%의 가치변동도 불가능에 가까운 일이다. 현재 가치의 변동이 아니라 미래 가치의 변동을 투기적 수요로 매매할 수 있는 것이다.

그러나 중소형주에서는 상한가 종목은 하루에도 10여 개 정도씩 탄생한다. 증권시장의 지나친 시세 변동과 투기적 수요를 조절하기 위해서 공매도 제도와 반대의 역할을 하는 신용매수제도를 두고 있다.

이 제도는 서로 상반된 역할을 한다. 시장이 침체되거나 투기적 수요로 주식에 대한 수요를 넓히기 위해서 신용매수 가능종목을 별도로 운용한다.

반대의 기능을 가진 공매도 제도는 지나치게 주식이 올라 장차 거품이 꺼지면서 시장이 붕괴되는 것을 미리 막아 준다고 할 수 있다.

신용매수 가능종목은 각 증권회사에서 임의로 지정하나 기업이 건실하고 경영성적이 좋아 부도나 갑작스런 상장폐지 등으로 신용을 공여해 준 증권회사가 피해를 보지 않을 정도의 회사만 매수대상이 된다.

즉 코스닥의 많은 종목과 코스피의 부실한 기업들은 신용매수 종목이 못 된다. 당연히 관리 종목도 그 대상이 아니며 정상기업이었다가 갑자기 회기 중이라도 부실화되거나 위험해지면 즉각적으로 신용매수 종목에서 제외시켜 채권회수 절차에 들어간다.

공매도 제도나 신용 제도는 주가의 급격한 변동을 막아 주는 역할을 한다. 따라서 공매도 금액이나 신용매수 가능액은 같은 금액으로 지정해야 조절 기능에 충실한 것으로 볼 수 있다.

그러나 반대 기능을 하는 공매도 제도는 모든 종목을 그 대상으로 한다. 심지어 관리대상 종목도 공매도가 가능하다. 한국의 현재 공매도 제도는 기울어져도 심각히 기울어진 제도이다.

누구인가 공매도 제도를 부당이득을 도와주는 제도로 변형 도입해 둔 것이다. 견제와 균형을 유지시켜 주는 공매도 제도와 신용 투자 제도를 일방적인 하락 유도 제도로 운영하고 있다.

적어도 외형적인 공평이라도 있다고 인정받으려면 공매도 대상 종목은 KOSPI200, KOSDAQ100 종목 이내로 한 이번의 조치는 옳다. 그러나 절반만 옳다. 개정 후에도 개인들은 보증금을 내야 하며, 3개월 내에 주식을 갚아야 한다. 기관이나 외국 기관들에게는 보증금 제도나 상환기간이 정해져 있지 않아 개인들과 형평이 맞지 않다.

그동안 공매도는 외인과 기관들에게만 할 수 있게 해 놓았다. 말로는 개인들은 대주 제도를 쓰면 결과는 공매도 제도를 활용하는 것과 같다고 하지만 증권회사는 개인에겐 대주를 99%의 종목은 해 주지 않고 단기간에 급등한 종목 몇 개만 해 준다. 그러고는 공정한 제도를 두고 있다고 개인 투자가들을 속여 왔다.

신용으로 매수 불가능하거나 내일모레 상폐될지도 모르는 종목, 즉 관리 종목도 공매도가 가능하게 활짝 열어 놓았다. 도대체 누구를 위한 제도인가?

이렇게 불공정한 제도가 돈의 힘으로 움직이는 주식시장에 도입되어 있고 누군가는 큰 혜택을 부여받고 있다.

우선 기관이나 외국인 개인투자가 등 누구나 공매도를 할 수 있어야 한다. 한국의 공매도 시장은 현재까지 완전히 기울어진 운동장이다. 견제와 균형의 법칙에 따른 기계적 균형은 공매도나 신용으로 매도 매수할 수 있는 주식 금액까지 같아야 한다.

따라서 일정 규모의 자본금을 가진 회사만을 공매도나 신용매매 대상으로 하여야 함은 너무나 당연하다. 또한 신용매수가 가능한 종목만이 공매도 대상 종목이 되어야 한다. 신용 제도가 개인투자가들에게 열려 있듯이 공매도 제도 또한 개인들에게도 활짝 열려야 한다.

주식 실물로 큰돈을 벌기는 거의 불가능하다. 그래서 많은 수의 주식을 사기 위해서, 즉 레버리지 효과를 보기 위해서 신용으로 매수를 하는 것이다.

신용을 쓰지 않고 레버리지 효과를 극대화해서 주식에 간접투자가 가능한 것이 바로 분리형 신부인수권(WR) 투자다.

모든 주식은 오를 만큼 오르면 대폭락 과정을 거친다. 공매도로 큰돈을 벌 수 있는 투자 대상은 주도주가 꺾일 때이다. 주도주란 가장 많이 오르는 업종과 주식이다.

일반적으로 이들 주도주가 꺾이고 나서, 6개월 후쯤에 공매도를 시작하면 된다. 삼선전환도상 음선이 나타날 때 공매도 하면 되는데, 이는 가장 많이 올랐으므로 가장 많이 내린다는 평범한 진리에 맞추는 것이다.

그러나 거품 붕괴로 인한 시장의 붕괴 시에는 공매도를 활용한 숏텀·롱텀 디플레이션 전쟁이 가장 매력적인 시기가 됨은 영화 〈The Big Short〉를 보면 실감 나게 볼 수 있다.

2008년 글로벌 금융위기 전에 주택시장이 붕괴할 것으로 미리 예측하고 주택저당채권을 공매도해서 큰돈을 버는 공매도 투자자들 이야기를 보면 일종의 역주행 투자인 공매도의 위력이 실감 나게 표현되어 있다.

이번에 전 세계에 찾아오는 롱텀디플레이션은 그야말로 숏텀·롱텀디플레이션전쟁이 될 것이다. 2008년 금융위기에 버금가는 큰 전쟁터가 된다.

이제 곧 세력 간에 돈의 몰락, 돈의 이동, 돈의 새로운 탄생을 노리는 20~30년 이상 지속되는 롱텀디플레이션, 돈의 전쟁이 시작된다. 바로 2021년 연말 혹은 2023년 연말에 시작된다.

전후 70년 동안 만들어진 거대거품, 즉 빚은 이번에 청산되어야만 또다시 정상경제로 회귀할 것으로 본다.

챕터 18

레버리지 10배/15배 투자법

한국부동산원의 전국주택가격동향조사를 보면 지난해 전국의 주택종합 매매가격은 5.36% 상승했다. 같은 기간 코스피 상승률은 30.8%였다.

상승률만 놓고 보자면 증시가 우세하지만, 가격 상승에 대한 차익을 놓고 보면 더 많은 '판돈'을 넣어야 하는 부동산을 가진 부자가 대부분 승리하는 구조다.

일례로 10억짜리 아파트를 보유한 사람이라면 지난해 5천360만 원의 시세 차익을 누렸다.

증시에 1억 원을 투자한 동학개미는 3천80만 원을 벌어들였다. 수익률로 놓고 보면 코스피 상승률이 6배 가까이 높지만 최초 투입자금의 규모가 다르므로 결국은 가격이 비싼 자산인 부동산을 가진 사람이 더 많은 수익을 얻는 경우가 많다.

레버리지 투자법은 크게 주식이나 아파트 등 부동산에 투자 시의 레버리지 효과, 사업가가 사업을 할 시에 하는 레버리지 투자로 분리해서 살펴볼 필요가 있다.

주식, 달러투자 시 레버리지 활용법

부자가 되려면 레버리지를 쓸 줄 알아야 한다. 레버리지 효과가 큰 주식 선물거래 시의 증거금률은 국내외가 조금씩 다르지만 대충 3~13% 정도이다. 지수선물과 종목선물의 증거금률은 수시로 변경된다. 변동성이 높으니까 일반 투자자들은 선물옵션, FX 외환거래 등에 손을 대지 않는 것이 좋다.

국내 선물의 경우는 현물에 비해 약 13.3배의 레버리지 효과가 있다고 말할 수 있다. FX 외환거래의 레버리지도 비슷하다. 상방과 하방이 열려 있으므로 큰 이득이나 손실을 볼 수 있기 때문이다.

좀 독특한 상품으로 ELW투자가 있다. 하방은 닫혀 있고 상방은 열려 있는 상품이다. 약 6개월이나 그 이상의 시세를 예측할 수 있다면 재미있는 상품이 된다. ELW투자도 레버리지가 높게 나오는 경우가 많다. 이 역시 일반인들은 손을 대서는 안 될 상품으로 보인다.

대신에 이 챕터에서는 선물과 옵션보다 훨씬 더 안전하면서 레버리지 효과가 3~10배 정도 되는 WR(워런트) 투자요령을 집중적으로 설명한다.

눈사람을 만들 때 처음에는 눈덩이가 조그마하지만 계속 굴려 가면 마지막엔 한 바퀴만 굴려도 엄청나게 눈사람이 커짐을 누구나 알 수 있다. 즉 투자한 금액이 크면 같은 10%의 상승률에도 절대적인 수익은 엄청나게 차이가 난다.

신용을 쓰거나 선물옵션 형태로 주식이나 달러 등을 거래하면 그 손익은 레버리지 효과가 엄청남을 누구나 안다. 이 레버리지 효과를 보는 투자 방법은 주식, 아파트, 외환거래 시에 원용할 수 있다.

재테크 지식과 기법은 세월이 아무리 지나도 크게 달라질 것이 거의 없다. 월급쟁이나 가난뱅이가 부자가 되는 방법도 많을 것 같지만, 월급을 부동산이나 주식으로 불리지 못한다면 부자는 될 수 없음을 알게 된다.

사실, 월급쟁이와 가난뱅이가 부자가 되지 못하는 이유는 주식이나 부동산에 투자해서 성공하는 방법을 아무도, 아무 데서도 가르쳐 주지 않기 때문이다. 경제학과, 경영학과, 회계학과 등등 대학에서 배우는 돈 공부도 겨우 증권투자론 한 권 배우면 끝인데, 이마저 실제 증권투자와는 아무런 관련도 없는 이론서다.

게다가 부동산은 전혀 가르치지도 않는다. 이는 대학교수나 경제학자 경영학자도 주식이나 부동산 등 재테크 전문가가 아님을 알 수 있다는 뜻이다.

그러나 월급쟁이를 하면서 이제 돈이 조금 생기면 누구나 무작정 재테크에 나서게 된다. 주식이나 부동산에서 수없이 깨지고 망가지고 그 원인도 이유도 모르고 만세를 부르고 물러가는 사람이 90%는 될 듯싶다.

또 하나, 자기 스스로 그렇게 깨지고 망가지며 배웠지만 체계화된 지식이 아니기에 그 자식들에게 무엇을 가르쳐야 그 경험 중 일부라도 넘겨주게 되는지도 모르고 포기하게 되어 또다시 그의 아들은 똑같은 실패를 반복하고, 30 후반이 되어야 제법 돈 공부의 쓰라린 직접 경험을 얻게 된다.

결과는 빈털터리가 90% 이상이다.
그러곤 자식들에게 말한다. 주식으로 망한 자는 "넌 절대로 주식투자 하지 마라", 부동산으로 망한 자는 "넌 부동산투자는 절대 하지 마라"고 말한다.

결국 재테크 요령을 모르니 그 자식의 자식도 영원히 가난뱅이나 가난한 월급쟁이로 인생을 마감한다. 이걸 단칼에 해결하는 방법들이 있다. 투자에 성공확률이 낮다면 꼭 필요한 경우, 즉 성공확률이 높은 경우에만 투자하되 레버리지 효과를 극대화하는 방법이다. 차례로 레버리지 효과를 극대화해서 투자하는 방법들을 알아보자.

주식투자 시의 레버리지 활용법

2020년 동학개미라는 신조어가 나왔다. 코로나-19 확산 사태가 장기화되면서 개인투자자들이 기관과 외국인에 맞서 국내 주식을 대거 사들인 상황을 1894년 반외세 운동인 '동학농민운동'에 빗댄 표현이다.

젊은 세대들에게 잘 맞는 재테크 수단으로 주식시장이 떠오르면서 기존의 외국인 기관투자가 등에 빗대어 동학을 일으킨 민초처럼 동학개미라고 부르게 된 개인투자가들이다.

이 동학개미들의 꿈은 주식투자로 부자가 되는 것이다. 이들은 증권회사에서 제공하는 신용을 이용해서 혹은 담보대출을 통해서 다량의 주식, 보통 개인 보유 투자금의 2.5배 정도를 매수하여 레버리지 효과를 누리기 위해 노력한다.

이처럼 수익을 극대화하기 위해선 신용을 활용, 매수량을 늘린다. 또는 거래은행에서 융자를 받아서 증권회사에서 신용매수를 하거나 담보대출을 통하여 다시 약 2.5배를 더 구매할 수 있다. 한 주당 매매이익이 같은 경우 보유수량이 많아야 절대수익이 많음은 당연하다.

이런 사람들의 심리를 이용한 상품이 레버리지라는 ETF이며, 선물옵션 거래이다. 그러나 이 상품들은 제한된 기간이 너무 짧고 조작적인 경우가 너무 많으니 ETF를 제외하고는 절대 피하길 바란다.

가난뱅이나 월급쟁이가 부자가 되는 방법은 주식투자나 아파트 등 부동산으로 투기를 해서 성공하는 것 외에는 거의 없다. 사실 주식을 해서 부자가 되는 길은 길고 험하다. 어쩌면 불가능할지도 모른다. 현실적으로 월급쟁이가 부자가 될 정도로 월급을 주지도 않거니와 월급을 아무리 많이 타도 월급에 맞춰 생활하는 인간의 속성 때문이기에 월급쟁이가 부자가 되는 일은 쉬운 일이 아니다.

주식으로 부자가 되는 방법은 결국 레버리지를 극대화하고, 주가가 올라 주기만 하면 최고 좋은 방법이다. 즉 우선적으로 레버리지를 극대화하여야 한다. 레버리지를 극대화하는 방법은 레버리지 효과가 무한대인 신주인수권을 노리는 것이다.

신주인수권(Warrant)이란 일정 금액으로 어떤 회사의 신주를 인수할 권리를 말한다. 기업들이 전환사채를 발행하면서 사채와 신주인수권을 분리 매매할 수 있는 신주인수권분리형 전환사채를 발행한다. 발행 후 전환사채와 신주인수권을 분리하여 만기 시까지 신주인수권과 전환사채를 각기 거래하는 것이다.

우선, 전환사채 대신에 이미 분리되어 거래 중인 신주인수권(Warrant. 약칭 WR)을 사는 방법이다.

구체적으로 실제상황을 예로 들어 설명해 보자.
신주인수권이란 간단히 말해, 분리형 신주인수권부 전환사채에서 신주인수권만 분리하여 증권시장에서 매매하는 만기 5년짜리 옵션으로 보면 된다.

레버리지 효과는 무한대라고 할 수 있다. 왜냐하면 본주 가격이 많이 오르면 거의 무한대로 신주인수권 가격이 폭등하기 때문이다. 신주인수권 소멸 만기 하루 전에는 1원에도 거래가 되지 않는 경우도 가끔 나오기 때문이다.

지금 현재 코스닥 종목 중 국동을 예로 들어 설명하고 예측해 보자.

워런트 구입의 경우,

[국동 9WR 구입 일자와 내역]
구입일자: 2020년 1월 22일
구입내역: 25,000×180=4,500,000원
25,000개를 구입하였고 총 투자액은 4,500,000원이다. 워런트의 매입가격은 @180원이다.

만약 워런트로 매입하지 않고 직접 주식 본주를 산다면 1월 22일자 종가가 1,230원이므로 같은 자금으로 3,658주 매입할 수 있다(전환가격 1,235원, 전환율 100%, 만기일 2024.11.22., 신주인수권의 수 5,781,947주).

국동은 신용매수 가능종목이 아니므로 더 이상 구매는 불가능하다. 그러나 워런트로 구입했으므로 물량보유 레버리지 효과는 25,000/3,658×100%=683%이다.

같은 돈으로 물량을 6.83배 더 보유하여 레버리지 효과를 누리고 있다. 신용매수는 보통 150%의 물량을 더 보유하게 되는 것에 비해서 무이자로 약 5.33배 레버리지 효과를 더 보고 있다.

물론 실제로 주식으로 전환하여 주식을 취득하려면 워런트 1개당 @1,235원과 함께 거래 증권회사를 통해 국동에 주식으로의 전환을 청구해야 한다. 그러나 주식으로 전환을 청구하기 전까지는 5.8배의 레버리지 효과를 그대로 누리고 있다.

이제는 레버리지 효과를 예측해 보자.
만약 본주가 2020년 9월 18일 종가 가격인 @4,445원이라면, 워런트는 계산상 @3,210원이다. 이를 판다면 3,210×25,000=80,250,000원이 되고, 본주는 3,658×4445=16,259,810원이 된다.

수익률을 비교해 보면
워런트는 80,250,000/4,500,000×100%=1783%, 본주는 16,259,810/4,500,000×100%=361%이다.

차액과 수익률은 각각 약 6,400만 원, 14배가 차이가 난다. 2020년 9월 18일 이후 본주가 상한가를 치는 날에는 워런트는 5,770-4,445=1,325원이 오르는데, 전환 가격을 이미 넘어섰고 전환율이 100%이므로 워런트도 1,325원(9.18. 종가 3,415원)이 똑같이 오른다.

결국 1,325/3,415×100%=38%가 오른다. 매입가와 비교해 보면 1,325/180×100%=736%, 즉 하루에 매입가격 대비 736%가 오르는 초대박이 난다.

잘 투자된 워런트는 본주투자에 비해 이렇게 유리하다. 워런트에 잘 투자된 경우에는 100배 혹은 그 이상도 가능하며 이렇게 투자해야 주식으로 돈을 벌고 부자가 될 수 있는 것이다.

같은 자금으로 본주를 사거나 우량주인 삼성전자 주식을 사서 100년 가지고 있어도 이 정도의 배율로 수익을 올리지는 못한다.

간혹 본주의 매일매일의 상승률을 워런트가 따라가지 못하는 경우도 있다. 이는 투자자들이 급등으로 두려움에 떨어서 워런트를 못 사거나, 장차 조정을 통해 가격이 내릴 것을 미리 감안한 시세 움직임이거나 회사에 전환신청을 하는 절차를 꺼려서이기도 하다.

하지만 시장에서 워런트가 제대로 평가된 가격에 거래되지 않는다면 전환금(행사가격)을 회사에 납부하고 실제 주식으로 교환하여 매매하면 계산상 수익을 100% 올릴 수 있다. 워런트의 가격에는 본질 가치와 시간 가치가 포함되어 있다.

즉 향후 만기까지의 기간이 남아 있으므로 이 또한 가격 산정 시에 감안되어야 하며, 본질 가치는 현재 가치라고 할 수 있는데, 계산상 계산되는 그날의 가격이다. 물론 이 본질 가치에는 시간 가치가 포함되어 있지 않다.

그러나 위험한 요소도 꽤 많다. 신주인수권부 사채는 보통 5년 만기로 발행되는데 5년 이내에 목표가인 전환 가격에 도달하지 못하면 1원도 받지 못하고 신주인수권이 없어진다. 즉 전환 기간 내에 전환 가격에 도달하지 못하면 휴지조각으로 변한다. 반면에 국동의 경우처럼 전환 가격을 돌파하고 나면 하루에도 워런트 가격은 몇백 퍼센트가 오를 수 있다.

따라서 워런트로 주식투자를 하려면 해당 기업의 5년 이내의 변화를 미리 예측하고 투자해야 한다. 위험하므로 WR 종목을 업종으로나 기업으로나 4종목 정도로 분산하여 위험을 분산, 경감시키려 애써야 한다.

간단히 생각해 보면,
4종목을 투자하여 3종목이 목표가격 미달 등으로 제로가 되어도 한 종목이 4배만 오르면 본전이 확보된다는 사실을 기억하면 그렇게 두려운 투자 대상은 아니라고 본다. 이는 신용매매나 담보대출보다 훨씬 더 좋은 투자수단이며 이자를 지급하지 않는 장기 융자인 셈이다.

경기 상승기의 바닥에서 경기 관련주 WR에 투자해야 수익을 극대화할 수 있다. 솔직히 말해서 신수인수권부 사채를 발행하는 업체의 경기상황이나 자금사정은 일반 전환사채를 발행하는 회사보다 좋지 않을 가능성이 더 많다.

즉 더 위험한 회사채인 것이다. 더 많은 혜택이 부여된 회사채를 발행해야 할 정도로 자금사정이 좋지 않은 회사가 발행한 회사채가 바로 신주인수권부 사채인 것이다.

다음으로 레버리지 효과가 큰 것은 몇 가지가 있는데 ELW, 주식선물과 주식옵션 거래도 약 10배 이상의 레버리지 효과가 있다. 외환FX 마진 거래도 마찬가지다. 그러나 아래위로 한도가 없이 터져 있는 선물, 옵션, 외환FX는 손도 대지 마라.

아래로는 한도가 정해져 있고 위로는 한도가 없기에 종목을 잘 맞추면 안전한 대박이 나는 것이다. 오로지 WR에만 주력하는 것이 좋다.

ELW도 한때 인기였는데, 기관투자가들이 컴퓨터 프로그램으로 일반인보다 항상 빠른 주문을 할 수 있게 함으로써 이젠 ELW 투자를 하는 사람이 거의 없다. 결국 ELW는 활성화되지 않아서 권할 만하지 않다.

신용매수나 주식담보대출을 받아 주식보유량을 늘린다
흔히들 신용 제도를 많이 활용하지만 같은 효과를 볼 수 있는 담보대출 제도를 활용하는 경우는 많지 않은 듯하다. 이는 이미 사 놓은 주식을 담보로 증권회사에서 대출을 받는 제도이다. 이것도 만기가 6월이며 만기가 되면 당일 갚았다가 다시 빌려 대출금을 연장시킬 수 있어 신용보다도 더 편리하다.

아파트 등 부동산에서의 레버리지 투자
한국에만 존재하는 전세금 제도는 그동안 무이자로 남의 돈을 쓰는 아주 좋은 제도였다. 전세제도는 서서히 그 빛을 잃어 가고 있지만 없어지지는 않을 것으로 본다.

왜냐하면 집을 사기에는 투자금이 조금 모자라는 투자자와 여러 채의 주택을 보유하기 위한 투자자 입장에서 둘 다 필요한 제도이기 때문이다.

거의 누구나 주택을 매매할 시에는 은행의 대출금을 포함해서 매매한다. 주택 가격이 워낙 비싸서이기도 하지만 레버리지 효과를 누리기 위해서이기도 하다.

부동산투자 시의 레버리지투자의 효과를 보기 위해서는 건물에 투자할 시에 그 효과가 가장 크다. 게다가 법인명의로 투자할 시에는 그 효과가 더 크다.

우리나라 연예인들이 제일 좋아하는 투자처가 바로 빌딩에의 투자이다. 만약 롱텀디플레가 없다면 옳은 방법이다. 보통 레버리지 비율이 300~500%는 가능한 투자가 바로 수익성 자산인 빌딩에의 투자이기 때문이다. 1인 법인을 세워 투자하면 개인명의로 투자하는 것보다 훨씬 더 유리하다.

사업에서의 레버리지 투자

기업이 연평균 10%의 자기자본 이익률을 유지하고 있고, 시중 금리가 3%라면 무차입 경영을 하는 기업이라면 잘못된 것이다. 즉 10-3=7%의 초과이윤 기회를 포기한 것이나 마찬가지인 것이다.

강산이 한 번 변할 때 부동산 상승률과 주가 상승률은 거의 같으며 부동산의 지역별 상승률, 주식의 종목별 상승률도 거의 같다는 사실을 알아야 한다. 따라서 그냥 기다릴 줄 아는 지혜가 필요하다. 싸면 돈을 벌려는 사람들이 가만두지 않는다는 사실을 명심하자!

물이 논에 꽉 차면 수면의 높이는 같다는 것. 이것이 순환매매가 일어나는 이유이기도 하다. 논에 처음 물을 대기 시작하면 낮은 곳부터 물이 차고 차차 조금 덜 낮은 곳이 차고 결국에는 논 전체에 물이 차는 것과 이치가 같다.

부동산도 마찬가지다. 강남에서 먼저 오른 아파트 가격은 목동을 거쳐 분당, 일산을 올리고 나서는 천호동의 단독주택의 부동산 가격을 먼저 오른 아파트 상승률과 비슷하게 끌어올린다.

또 고가주냐 저가주냐를 생각해 보면 사람들은 흔히 고가주만 예찬한다. 그러나 결론은 거의 같은 비율로 오른다. 모든 주식은 종합주가지수 상승률만큼 오른다고 보는 것이 타당하다.

따라서 투자는 순환매 법칙을 준수해서 자산별로 투자금액을 순환시켜야 수익을 극대화할 수 있다.

(1) 주식 → (2) 아파트 → (3) 달러 → (4) 국채의 순서대로 순환시키면 총 2×2×2×2=16배를 1회의 경기순환(One Business Cycle)에 벌 수 있다.

이것이 투자를 잘한 표준적인 수익배율이며 보통 1회의 경기변동 기간에 10배의 수익을 올리면 성공한 투자로 보는 것이 일반적이다. 다음 챕터에서 빅사이클 순환투자법 얘기를 더 이어 가자.

챕터 19

빅사이클 순환투자법

1회의 경기변동은 약 10년이다. 10년이면 강산이 변한다. 1회의 경기순환에 걸리는 기간은 10년이나 된다. 어마어마하게 큰 빅사이클이다.

따라서 경기상황에 따라 투자금을 주식과 아파트, 달러, 국채의 순서대로 10년 동안에 한 바퀴 돌려야 하므로 한 가지 재산의 전성기, 즉 많이 오르는 기간은 대체로 2.5년이 된다.

즉 새로운 경기변동이 시작되면 주식, 아파트, 달러, 국채의 4가지 투자수단들이 개략적으로 약 2.5년 정도씩 주도적으로 순환하면서 오른다는 뜻이다.

즉 자산을 차례로 순환투자를 해야 하는 이유는 돈을 자산별로 돌려 가면서 투자해야만 수익률을 최대로 올릴 수 있기 때문이다. 게다가 수익의 누증효과 또한 무시하지 못하기 때문이다. 이렇게 2년 6개월이나 상승 추세에 있는 주식시장에서 단타로 돈을 벌려고 한다는 것은 한마디로 웃기는 얘기가 된다.

(1) 주식 → (2) 아파트 → (3) 달러 → (4) 국채의 투자순서에 따라 이 4가지 재산들을 차례로 순환투자해야 큰손이나 기관투자가 등이 움직이는, 즉 빅머니(Big Money)들이 움직이는 길과 순서를 따라가는 것이 된다.

즉 투자자들은 매 경기변동마다 재산을 (1) 주식 → (2) 아파트 → (3) 달러 → (4) 국채의 순서대로 빅사이클에 맞춰 순환투자하여야 최대의 수익을 거두게 되는 법칙을 '빅사이클 순환투자법'이라고 한다.

한 가지 염두에 두어야 할 것이 있다. 필자는 2017년 5월을 이번 경기순환의 시발점으로 보았고, 주택경기의 마지막 꼭대기를 2020년 혹은 2021년 연말로 보았었다.

이번에 이를 수정해야 할 것 같다. 처음의 경기순환 시기가 그대로 맞을 확률은 49%이고, 2023년 연말쯤이 이번 순환의 마지막일 가능성이 51%로 수정한다.

그 이유는, 미증유의 서브프라임 사태로 약 4조 5천억 달러가 세상에 풀렸으며 트럼프 대통령 시절에 경기부양을 위해 약 9천억 달러가 풀렸고 이번 바이든 대통령 집권 후 1조 9천억 달러를 경기부양을 위해 쏟아부은 후, 1차 인프라투자로 약 2조 달러, 2차 약 2조 달러로 총 4조 달러 정도를 더 쏟아부을 것으로 알려졌다. 거기에다가 FRB에서는 2023년까지는 금리 인상이 없다고 이미 수차례 금리 인상 가이드라인을 발표한 바가 있기 때문이다.

왜 투자금을 (1) 주식 → (2) 아파트 → (3) 달러 → (4) 국채의 투자순서에 따라 투자해야 하는지 아래의 순환투자법 개념도를 보면서 다시 이해해 보자.

첫째, 시장의 중간에 재테크에 나서게 되는 경우의 내가 몇 단계에 투자를 시작하는 것이며 어느 재테크 수단에 투자해야 되는가를 판별을 제대로 알아야 실수를 줄일 수 있다. 지금이 주식투자 타임인가? 아파트투자 타임인가를 분별해 내는 일이다.

이 역시 지나온 종합주가지수의 역사를 기록한 그래프로 판별해 내고 미국의 경기, 즉 국제수지로 판별해서 판단하는 길밖에 없다

월급쟁이와 가난뱅이가 부자가 되는 방법은 많은 것 같지만 사실은 부동산투자와 주식투자로 성공하는 것밖에 없다. 평범한 월급쟁이들은 월급을 아무리 많이 타도 그것만으로는 부자가 될 수 없다. 월급 수준에 맞춰서 생활을 하기 때문이다.

금융회사나 증권회사들은 이렇게 하면 부자가 된다고 말해 왔지만 긴 세월 살아보면 그것은 거의 다 자기 회사들을 번창시키는 수단이었고, 개인 투자가들은 거의 다 몰락해 왔음을 알 수 있다.

무엇이 이렇게 부를 갈랐을까?
우선은 큰 자금들의 자금순환의 빅사이클(Big Cycle)에 맞춰서 투자하지

않은 것이 가장 큰 이유다. 즉 순서에 따라 재산 간에 순환·교체하여 매매하지 않아서 그렇다.

큰손이나 기관투자가들은 반드시 이 4가지의 자산, 즉 주식, 아파트, 달러, 국채의 순환투자 공식에 따라 투자하게 되어 있다. 이들은 시장상황, 즉 경기순환에 따라 빅사이클 순서에 맞춰 투자한다.

개인의 스몰머니(Small Money)는 이 순환투자 공식을 모르기도 하거니와 규모도 적으니 적당히 순번을 거르거나 원칙에 따르지 않는 경우도 있다. 그러나 빅머니(Big Money)는 반드시 이 순서에 따라야 한다. 실제로 그렇게 움직일 수밖에 없다. 그래야만 수익률이 최대가 되니까.

그러나 대중들은 4가지 투자수단 중 대개 한 가지만 성공하였을 것이고, 이 빅사이클에 맞춰 투자하지 못한 개인들의 투자금은 결국에는 긴 세월 동안 개미투자자들의 돈은 알게 모르게 이들 외국 투자기관이나 국내 금융회사 등에 넘어간 것이다.

주식이나 부동산 한쪽에만 투자하는 사람은 1회의 경기변동이 순환하는 동안 절반의 수익, 아니 달러와 국채의 교체투자까지 감안하면 1/4이 이득밖에 올리지 못해서인 것이다.

반드시 빅머니(Big Money)가 흘러가는 빅사이클(Big Cycle)을 자세히 알아야 하는 것과 부동산으로 성공하려면 주식도 제법 알아야 하는 것도 긴 세월 동안 연구하고 체험도 했기에 알게 된 사실이다.

흔히들 개구리 뛰는 방향과 구름이 가는 방향과 주가는 아무도 모른다고 말한다. 그러나 빅머니가 반드시 거쳐 가는 이 빅사이클을 알면 재테크의 전체가 다 보인다.

이것은 필자가 다른 전문가들의 연구결과를 융합해서 새로이 만들어 낸 최초의 달러와의 교체투자 공식이다. 이 공식에 대입만 하면 저절로 돈이 가는 자산 간의 이동 경로와 시기를 알게 된다.

이 이론은 달러가 단순히 현금에 불과한 미국에서는 적용되지 않지만 전 세계 어느 나라나 어느 경기순환에서나 항상 적용되는 불문율이다.

그동안 투자자들을 괴롭혀 왔던 부동산, 주식, 달러, 국채의 매수 시기와 매도 시기가 훤히 보이는 공식이다. 그러하니 각종 재산들의 적정 매도 시기와 매수 시기의 연월일까지 훤히 볼 수 있는 것이다.

월급쟁이 30년을 성실히 하고 퇴직해 보면 조그만 아파트 한 채 남은 것이 재산의 전부인 것을 알게 되고 너무나 허탈한 기분이 들게 된다.

그동안 한국의 부가 차이 난 가장 큰 이유는 애당초 받은 재산이 있나 없나가 결정해 왔다. 상속이나 증여 등으로 시작점이 시작부터 달랐기 때문이다. 그러나 이제 이를 뒤엎을 절호의 기회가 왔다.

디플레이션 지식으로 무장된 월급쟁이와 가난뱅이가 부자가 될 기회가 왔다. 인플레이션 시절에 그냥 장기간 보유하기만 하면 재산이 늘어 부자가 더 부자가 되던 시절은 이번의 토지신화를 끝으로 더 이상 오지 않는다.

이젠 롱텀디플레이션 시대의 본격화로 재산을 보유하면 할수록 재산이 쪼그라드는 시기가 왔는데, 상속이나 증여로 부자가 되던 계층에서 대개의 경우 고학력이거나 공부를 많이 한 월급쟁이나 가난뱅이들의 경제지식이 빛을 발하게 된다. 70년 만에 한 번 찾아온 뒤집기 기회다.

이번 마지막 한 번의 투기적 상승세가 끝나면 이젠 지식으로 무장하지 않은 부자층들은 세월이 갈수록 쪼그라드는 재산을 바라보게 될 것이다. 이런 세월은 20년 이상 지속된다.

앙드레 코스톨라니의 달걀이론의 중대 결점이 바로 이것이다. 그는 달러가 기축통화인 이상 미국을 제외한 모든 나라에서는 달러와의 교체투자 과정이 반드시 필요한데 이 과정이 필요한 이유를 이해하지 못한 것이다.

당연히 자산 간 순환투자이론에 따라서 달러와의 교체투자 과정이 반드시 필요한데 그의 달걀이론에는 이 과정이 빠져 있는 것이다.

재산 간 순환투자법칙은 32년간의 통계치를 그대로 적용한 것이므로 주식의 대세 상승시점을 90% 이상 적중시킬 수 있다.

무역수지와 기조전환일 투자법으로 1차 판단을 하고, 삼선전환도로 확인을 한 후 주식투자를 시작하면 공식에 따라 마지막 국채투자까지 시기에 맞춰 투자할 수 있는 것이다.

즉 필자가 주창하는 빅사이클 순환투자법은 꼭대기와 바닥을 미리 확인한 후에 따라가는 투자 방법임을 알 수 있다. 미리 예측은 하되 먼저 움직이지는 말고 확인 후에 따라가는 투자법이기에 큰 실수가 없는 방법이다.

또한 흔히 갖는 궁금한 사항은 과연 이자율이 몇 %가 되면 다음 자산으로 자금을 이동시키느냐를 궁금해하는 것이다. 앙드레 코스톨라니의 달걀이론에서도 이 이자율에 관해서는 설명하지 않는다.

어느 시대나 고이자율 시대가 있고 저이자율 시대가 있다. 이자율은 그 당시 경제상황에 따라 다르기에 이 절대적 이자율은 중요하지도, 좇을 필요도 없다. 게다가 필자의 빅사이클 순환투자법은 자금의 이동을 확인하고 추종해 가는 투자여서 빅머니가 이동했음을 확인하면서 동시에 혹은 약간 늦게 이동시키면 되는 아주 간단한 투자법이다.

이제 롱텀디플레(LTD)를 이용한 공격타임이 월급쟁이나 가난뱅이에게 왔다.

숏텀디플레이션에도 현금이 유리하지만 특히 20~30년간이나 지속되는 롱텀디플레이션(Long term deflation) 시에는 현금이 진정한 왕이 됨을 앞에서 수차례 설명한 바 있다. 물론 현금뿐만 아니라 현금 같은 현금등가물도 바로 울트라갭 상품이다.

롱텀디플레이션 시에는 왜 달러와 기타 자산들이 동시에 장기간에 걸쳐 하락하는가는 앞에서 설명한 바 있다. 지금까지의 사실들을 알게 되면 롱텀디플레이션을 판단해 내는 기법과 롱텀디플레가 끝났음을 알아내는 것이 바로 대박 재테크의 가장 중요한 '비밀의 문'임을 알 수 있다.

숏텀디플레와 달리 롱텀디플레 시에는 기존의 다이아몬드 달러투자법과 달리 달러 가격이 계속 내린다는 점이 핵심이다. 또한 모든 실물 가격도 계속 내린다는 점 또한 키포인트이다.

모든 것이 내린다. 따라서 롱텀디플레 시절에는 마땅한 투자수단이 없다. 몇 가지의 인버스 ETF와 투자수단 몇 가지밖에 없다.

롱텀디플레 시에는 기존의 경기순환적 디플레, 즉 불경기 때의 투자 방법과는 완전히 달라져야 한다. 이것이 바로 다른 책에서는 거론조차 않는, 롱텀디플레 시 성공적인 투자에 이르는 비밀의 문이다.

이 비밀의 문을 열고 들어오면 월급쟁이와 가난뱅이도 진정한 부자가 될 수 있다. 노동자 계급에서 자본가 계급으로의 진입이 가능하다.

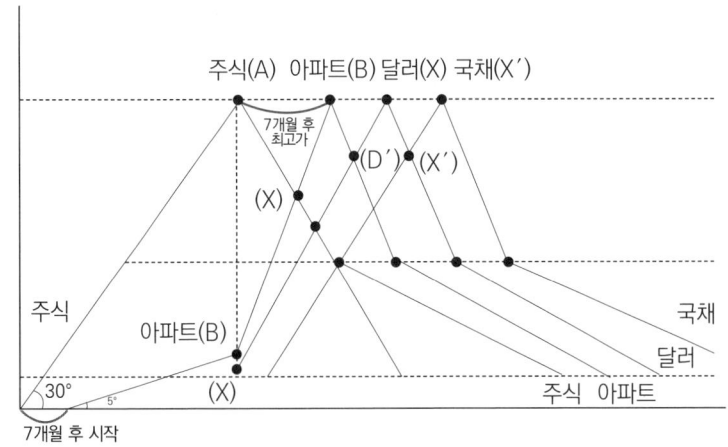

[그림 21] 빅사이클(Big Cycle) 순환투자법 개념도 (2)

[그림 21]의 빅사이클 순환투자법의 개념도 (2)를 중심으로 하여 4가지 재산에의 순환 투자 방법을 자세히 설명한다.

1) 불경기를 지나 미국 경기가 호전된 후 약 6개월~1년이 지나면 우리나라의 경기도 좋아지기 시작한다. 한국의 무역흑자가 발생한 지 1년이 지나면 우리나라의 주식시장은 움직임을 시작한다.

정부의 발표는 실제 경기보다 통상 6개월~1년 정도 늦음에 유의하여야 한다. 집계하고 분석하고 발표하는 데 시간이 걸리기 때문이다.

그래서 일반인들은 주식시장이 통상 실물시장보다 약 6개월 먼저 먼저 움직인다고 즉 더 빠르다고 말하게 된다. 당시에 금리는 최저수준이고 발빠른 기관투자가들만이 바닥에서 주식을 모으고 있다.

주로 뛰어난 유동성을 이유로 주식이 아파트보다 약 7개월 먼저 움직이기 시작한다. 주식은 약 30도의 각도로 꾸준히 상승을 시작하고 아파트도 약 5도의 기울기로 서서히 오른다.

호경기로 수출은 늘어나면서 달러 가격은 서서히 내리게 된다. 환차익도 발생하고 국내 경기가 좋아짐을 아는 외국자금들은 국내 주식시장과 아파트 시장을 서서히 공략해 들어오기 때문이다. 다이아몬드 달러투자법이 그대로 잘 적용된다.

매 경기순환마다 주도산업이나 주도기업이 나타나서 경기를 이끌어 가는데, 보통 주도주는 3~4년간 상승세가 지속되고 4~20배까지 오른다. 거의 매번 미국의 주도주가 한국의 주도주가 된다.

2) 국내 달러 가격이 최저 시세를 기록하면 국내 주식은 최고시세가 된다. [그림 21]의 D점이 바로 달러를 가장 싸게 살 수 있는 때이다. 이때 주가는 최고를 기록하고 있음을 그래프로 확인할 수 있다. 바로 A점의 주가지수가 최고지수이다.

3) 곧이어 주식시장의 거품이 붕괴되고 주식은 폭락을 시작하고 아파트는 이제 본격적으로 오름세를 나타내기 시작한다. 아파트는 40~50도 이상의 상승각을 나타낸다.

매 경기순환마다 아파트 가격의 상승은 주식보다 약 7개월 늦게 상승을 시작하므로 경기가 끝날 때에도 주식시장 붕괴 후 항상 7개월 뒤에 최고 시세를 형성한다. 그러나 주가가 먼저 오르지만 주가지수와 아파트의 평균 상승률을 비교하면 두 재산의 평균 상승률은 거의 같음을 알 수 있다. 오르는 기간 또한 비슷하다.

아파트 주식보다 7개월 정도 늦게 오르기 시작한다. 그 대신에 주식시장은 이미 붕괴되었어도 약 7개월간 폭등을 거듭한다.

4) 달러는 주식의 폭락과 비례해서 급등한다. 국내 주식 매도자금이 곧바로 해외로 유출되어서인지 정확히는 알 수 없으나 필자가 주장한 다이아몬드 달러투자법의 원칙이 정확히 적용됨을 확인할 수 있다.

달러 가격이 최고일 때의 주식 시세는 항상 최저 시세가 된다. 따라서 달러 시세가 가장 좋을 때 달러를 매도하여 국채를 사거나 달러대출 받은 자금을 상환하면 달러투자로만 4배의 수익을 취할 수 있다.

이 경기순환 시에 다이아몬드 달러투자법이 적용되지 않으면 롱텀디플레이션으로의 진입 여부를 바로 확인하는 것이 좋다.

5) 달러를 팔고 국채를 사 두면, 불경기 동안 금리는 계속 내리므로 국채 시세는 폭등을 거듭하게 된다. 10년물 기준으로 금리가 1% 내리면 국채는 순식간에 7% 폭등한다. 20년물 국채라면 14%가 폭등한다.

국채를 매수하면 이처럼 시세 차익을 누릴 수도 있고 매년 국채이자로도 연간 2~3%의 수익을 올릴 수 있다.

6) 문제는 주식과 아파트는 최고 시세가 약 7개월의 시차를 나타내므로 이를 활용한 시간차 공격을 하느냐 마느냐를 결정하는 일이다. 그래프상으로는 (X)점 정도라고 가정해 보면 주식을 팔고 아파트를 공략했다가 달러나 국채를 사면 될 것이다.

주식의 최고시세와 아파트의 최고시세가 약 7개월의 차이가 날 뿐 아니라 주식이나 아파트의 급락세도 초기의 몇 개월 급락 이후에는 완만한 하락세를 지속하기에 이 시차를 활용하여 한 차례 더 하락율의 차이를 이용한 투자기회를 갖는 것이다.

즉 주식(A) → 아파트(B) → 달러(X) → 국채(X′)로 가는 약간은 변칙스런 빅사이클 순환투자법 코스다. 이 4가지 재산과 금, 원유, 구리 등은 챕터 10에서 설명한 금 투자 시기와 회수시기를 준용해서 투자하면 된다.

시장은 공평하다.
노벨 경제학상 수상자도 하버드 경제학 박사도, 경영학 교수도, 증권사 사장도 아파트, 주식투자에서 항상 깨진다. 그들도 재테크의 기본공식을 모르기 때문이다. 그들도 주식시장, 아파트시장에 오면 햇병아리다.

월급쟁이와 가난뱅이가 부자가 되지 못하는 이유도 결국 주식이나 부동산에 투자해서 성공하는 방법을 아무도, 아무 데서도 가르쳐 주지 않기 때문이다.

경제학과, 경영학과, 회계학과 등등 대학에서 배우는 돈에 관한 공부도 겨우 증권투자론 한두 권 배우면 끝인데, 이마저 실제 증권투자와는 아무런 관련도 없는 이론서를 배운다.

하버드 경제학 박사도 노벨 경제학상 수상자도 주식이나 아파트투자로 큰 부자가 된 자는 없다. 이 사실은 오히려 개미들에게도 희망이 있음을 나타낸다.

투자에서 돈을 버는 방법은 박사나 석사나 고졸 정도면 그 실력이 다 같으며, 별도로 공부하지 않으면 그 결과도 같다는 것이다. 이래서 초보자들도 제대로 된 투자 공부만 하면 박사보다 경제학 교수보다도 더 희망이 있다는 것이다.

30년 언론인의 경험과 50년 투자경험으로 볼 때 한국의 공매도 제도를 빼고는 시장은 지극히 공평하다. 필자가 주창하는 Big Cycle 순환투자법에 따라 투자하면 해볼 만하다. 아니 누구든 시장을 이겨 낼 수 있음을 알았기에 주식투자, 아파트투자, 달러투자, 국채투자에 관한 기법들을 한 권의 책으로 펴낸 것이다.

매 주말을 맞아 작심 3일이면 누구나 재테크 지식을 완성할 수 있다. 게

다가 이 관련 재테크 지식은 한 번 익히면 평생 써먹는다. 재테크 지식과 기법은 세월이 아무리 지나도 크게 달라질 것은 없다. 인간의 욕심은 끝이 없고 그 욕심을 다루는 것이 바로 재테크 기법들이기 때문이다.

월급쟁이나 가난뱅이가 부자가 되는 방법도 많을 것 같지만, 월급 탄 것을 부동산이나 주식으로 불리지 못한다면 영원히 부자는 될 수 없다.

시중의 기존 재테크 책들은 주식 책은 주식만을 설명하였고 부동산 책은 부동산만을 설명하고 있다. 결국 그동안의 재테크 공부는 단편적인 재테크 지식에 불과한 셈이다.

주식투자 요령과 부동산투자 요령 및 국채와 달러투자 요령까지 동시에 이해해야 하는데 한 부분의 지식만을 획득하게 되어 큰 이익을 누리지 못하는 것이다.

재산들은 서로 관계가 있다.
주식이 꺾여야 아파트가 폭등한다는 사실, 재산 간에는 순환상승의 원칙이 있다. 주식 → 부동산 → 달러 → 국채로 순서에 맞춰 한 바퀴를 돌리면 돈은 기본적으로 16배 늘어난다는 사실을 알아야 한다.

이렇게 주식, 아파트, 달러, 국채 등 모든 재산증식 수단들을 한 권의 책에서 동시에 설명한 책은 필자의 책이 유일하다. 그래서 간단히 재테크의 원리를 3일 만에 이해할 수 있게 된다.

주식과 아파트, 국채와 달러는 경기순환에 따라 반드시 순서에 따라 교체 투자되어야 한다. 교체투자할 때마다 재산은 더블로 불어나 1회의 경기변동(One Business Cycle)에 최소 10배 정도로 재산을 불려 나가면 제법 잘한 투자가 된다.

만약 필자의 책도 기존의 다른 책들과 내용이 비슷하거나 같다면 책으로 낼 이유도 없다. 독자들은 기존 책으로도 얼마든지 재테크 기법을 익힐 수 있기 때문이다.

챕터 20

새로운 부의 탄생
– 다시 시작해야 할 70년간의 인플레 투자는 언제일까

부의 소멸과 부의 이동은 향후 2032~2033년 정도까지 이어진다. 빚이 GDP의 100% 정도에 도달할 때까지 경제 주체들은 소비를 늘려 갈 여력이 없다.

그 이후 약 70년간의 인플레 경제는 또다시 시작될 것이며 5년 불황 + 5년 호황은 반복될 것이고, 역시 숏텀디플레 시대의 다이아몬드 달러투자법의 투자론으로 회귀하면서 주식, 아파트 등 실물 자산을 장기간 보유할수록 재산은 늘어나고 윤택한 생활이 보장될 것이다.

개략적으로 2032~2033년의 연도로도 구분할 수 있겠으나 보다 정확한 것은 다이아몬드 달러투자법대로 달러와 주가가 같은 방향의 움직임에서 벗어나 반대로 움직이기 시작하면 정상 경로, 즉 인플레 경제로 회귀한 것이 된다.

얼마 전에 브라질 국채가 한국에서 큰 인기를 끌고 인기리에 판매되었다. 판매액은 무려 3조 원 정도다. 브라질과 협약으로 세금이 없고 표면이자율은 10%나 된다. 한국의 국채는 이율이 1% 정도니까 겉만 보면 누구나 사고 싶을 것이다.

그러나 이를 판 증권회사들은 양심불량이다. 3조를 시중에 팔아 제쳤으니 수수료만 약 900억이나 된다. 그런데 사기 전에 브라질에 대해서 좀 알아보고 투자했어야 옳다. 이자율 10%에 무세금이라는 것에 현혹되어 투자했다면 큰 잘못이다.

우선은 브라질 레알(Real)의 대달러 환율을 살폈어야 한다. 다음 그림을 보라.

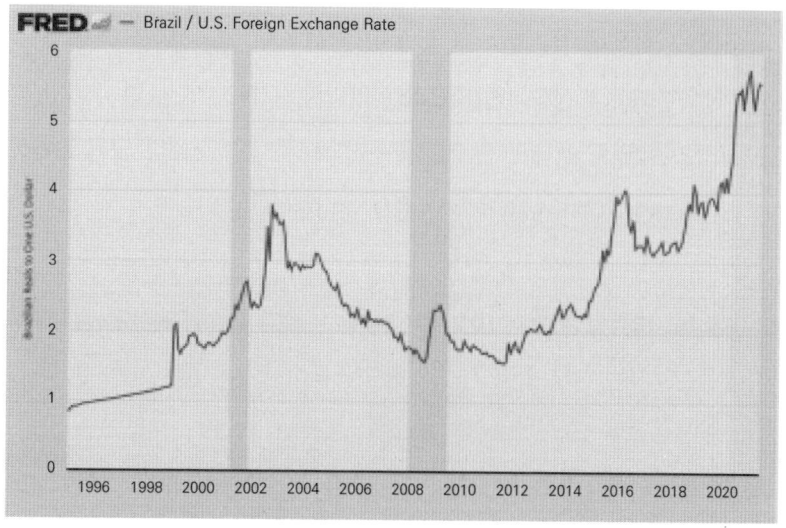

[그림 22] 브라질 레알화 대달러 환율 추이

브라질 레알화는 줄곧 화폐의 구매력을 잃어 가고 있다. 즉 달러 가격이 꾸준히 오르는 나라다. 해외투자의 기본은 현지화가 강세를 보이는 나라로 가야 한다. 왜냐하면 환차익을 누릴 수 있기 때문이다. 그러나 문제의 브라질은 그렇지 못하다.

브라질 채권을 살 때 1달러가 3레알이고 만기 시에 팔고 나올 때 1달러가 6레알이라면 배가 올라야 본전이 된다. 이런 유의 상품으로는 RP 달러 채권도 해당된다.

잘 알다시피 필자는 달러 가격의 끊임없는 하락을 예상한다. 달러 채권에서 달러 이자가 나오더라도 달러 가격이 내리면 그 손실은 투자자가 고스란히 책임져야 한다. 즉 달러 RP는 환헤지가 되어 있지 않은 상품이다.

다음으로는 해외에 투자한 배당주투자, 주식투자, 부동산투자다. 배당주라는 해외주식이나 성장기업 대표라는 아마존, 구글, MS 등의 주가나 부동산이 오르더라도 국내로 판 자금을 반입 시에 나갈 때보다 달러 가격이 싸다면 고스란히 환차손을 투자자 혼자 부담해야 한다.

장기적으로 브라질 국채와 RP 미국 국채, 미국의 고배당주투자, 성장주투자, 부동산투자는 전부 달러 가격의 하락을 대비한 투자여야 하는 것이다.

해외에 투자하거나 달러 예금에 가입 시에는 장차 달러 가격이 어떤 운명을 맞이할까를 생각하는 투자자가 되어야 한다.

즉 해외투자는 근본적으로 전부 달러투자여서 동시에 두 가지를 맞춰야 하는 게임이다. 달러 가격과 해외투자한 자산의 상승이 전제되어야 한다. 혹 환헤지가 된 상품이라 하더라도 환헤지 비용은 펀드가 부담하게 돼 결국 투자자에게 귀속되어 수익을 갉아먹는다.

비슷한 유의 상품으로 한국의 KIKO가 있다.
기업과 은행이 환율 상하단을 정해 놓고 그 범위 내에서 지정환율로 외화를 거래하는 상품을 말한다. 예를 들어, 한 수출기업이 환율 상하단 900~1,000원, 약정 환율 1,000원으로 1억 달러 키코 계약을 체결했을 때, 환율이 상하단 범위 내인 910원이라면 달러당 90원씩 환차익을 누리게 된다.

반면, 환율이 900원 밑으로 내려가면(녹아웃) 계약은 자동으로 종료되고 업체는 환손실을 입는다. 반대로 환율이 상단보다 높은 1,050원이 됐을 때(녹인)는 달러당 50원씩 손해를 감수해야 한다. 결국 환율이 900~1,000원 사이에서 움직일 때만 손해를 보지 않는 구조다.

그다음으로는 한국에서 아직 인기가 있는 각종 ELS류 상품들이다. ELS 등 주가연계증권은 통상 투자금의 대부분을 채권투자 등으로 원금보장이 가능하도록 설정한 후 나머지 소액으로 코스피200 같은 주가지수나 개별 종목에 투자하는 상품이다.

이때 주가지수 옵션은 상승형과 하락형 등으로 다양하게 설정할 수 있다. 옵션투자에는 실패하더라도 채권투자에서는 손실을 보전할 수 있는 구조다.

사전에 정한 2~3개 기초자산 가격이 만기 때까지 계약 시점보다 40~50%가량 떨어지지 않으면 약속된 수익을 지급하는 형식이 일반적이다. 주가연계증권(ELS)은 증권회사가 발행하는데 법적으로는 무보증 회사채와 비슷하다. 다른 채권과 마찬가지로 증권사가 부도나거나 파산하면 투자자는 원금을 제대로 건질 수 없다.

ELS는 상품마다 상환조건이 다양하지만 만기 3년에 6개월마다 조기상환 기회가 있는 게 일반적이다. 수익이 발생해서 조기상환 또는 만기상환되거나 손실을 본 채로 만기상환된다. ELS는 기초자산이 무엇인지에 따라 지수형(코스피지수, 유로스톡스50, 홍콩H지수 등), 종목형(삼성전자, SK텔레콤 등), 혼합형(지수 및 종목) 등으로 나뉜다.

옛말에 부자는 망해도 3대가 간다라는 말이 있다. 하지만 이제는 부자가 망하면 3개월도 못 버틴다. 바로 레버리지 투자를 하기 때문이고 만든 이외에는 잘 알지도 못하는 파생 금융상품에 투자하기 때문이다. 결론적으로 알지 못하는 것과 곳에는 투자하지 말라가 정답이다.

대신에 금융, 부동산 관련 지식으로 무장된 투자자라면 쉽게 부자가 될 수 있는 세상이 되었다. 더구나 70년 만에 한 번 찾아오는 롱텀디플레 지식으로 무장한다면 아무도 당할 수 없다. 롱텀디플레이션을 지나는 동안 빈자와 부자의 자리가 바뀐다.

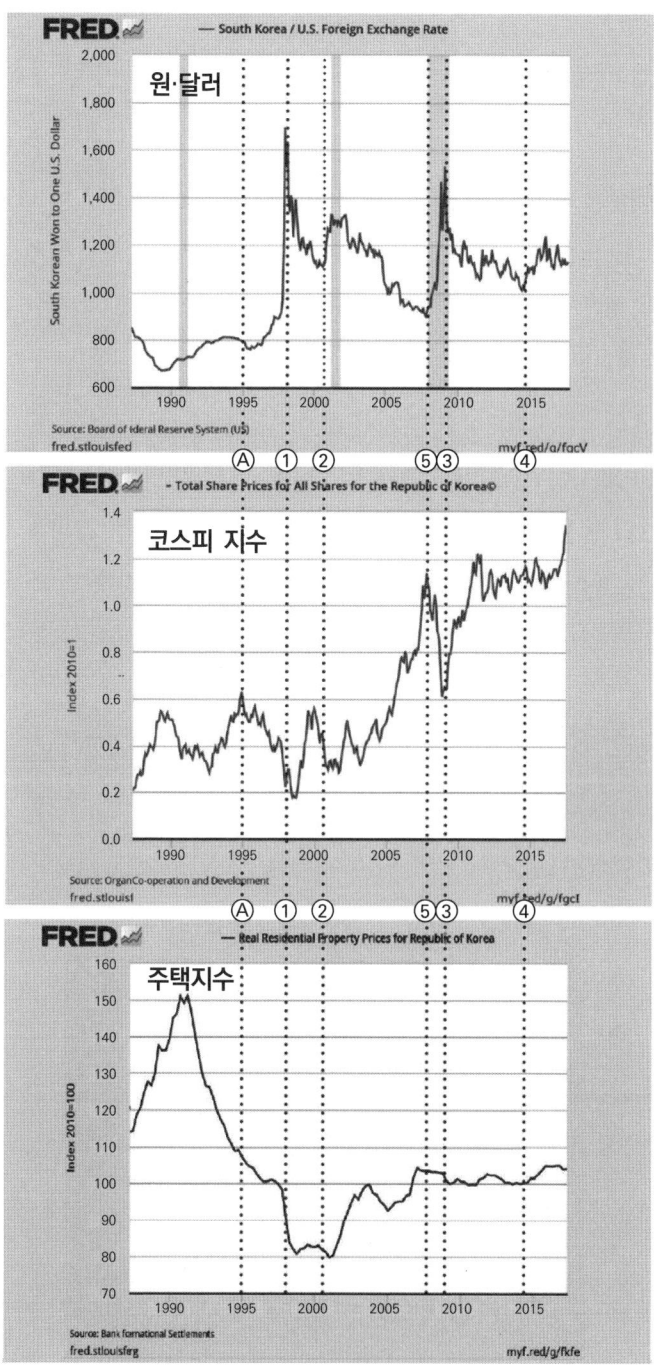

[그림 23] 한국의 IMF와 2008 금융위기 시 원·달러, 코스피지수와 주택지수 비교

서울시도 도심 재개발로 방향을 틀고 있음은 주지의 사실이다. 출퇴근 시간 증가, 교통 체증, 주택 가격 상승, 자녀 교육 등 여러 가지 이유가 있지만, 인구가 늘고 도심이 팽창할 시에 도넛형으로 커 가던 도시는 축소될 시에는 도심으로의 리턴(Return) 현상이 나타난다. 뉴타운·재개발·재건축 등 정비사업이 본격화되면서 구도심의 생활여건도 좋아져서 다시 도심으로 돌아오는 이들도 적지 않다.

[그림 16]을 통해서 달러 가격과 금, 원유, 기타 국제 원자재는 달러의 가격과 반비례 관계에 있음이 입증된다. [그림 23]은 IMF 상황에 이르렀던 한국의 원달러 가격과 코스피지수와 주택지수를 한눈에 비교할 수 있게 한 장의 그래프로 보여 주고 있다. 우선 [그림 23]의 수직점선 Ⓐ를 보자.

다이아몬드 달러투자법이 그대로 적용되는 정상적 경제상태이기에 달러는 최저치에 가깝고 주가는 최고치를 나타내고 있다. 3개의 그래프를 관통하는 수직점선 ①은 IMF 사태 시, 수직점선 ③은 2008년 금융위기 시의, 즉 같은 연월의 달러 가격, 주가지수, 주택지수를 나타내는 선이다.

달러 가격이 가장 쌀 때에는 약간의 시간차가 있지만 주가와 주택 가격이 제일 비싸진다는 것을 알 수 있다. 2007년 9월의 ⑤는 1달러가 903원 20전이었다. IMF 당시 급등했던 달러가 줄곧 내리면서 이에 대응하여 주가와 부동산은 다이아몬드 달러투자법에 따라 올랐음을 보여 주고 있다.

만약 2008년 금융위기가 없었다면 달러는 더 내려 Ⓐ 가까이 내리고 뒤이어 1989년 4월의 달러 시세인 668원 90전을 나타내는 Ⓐ´까지 내렸을 수도 있다.

이에 따라서 주가와 부동산은 더 올랐을 것이다. 그렇게 되었다면 경제는 완전히 정상 상태 가까이에 도달했을 것이다. 필자는 정상경제로의 회귀를 1$=800원대 이하로 본다.

즉 [그림 23]의 1995년 6월의 수직점선 Ⓐ 정도의 달러 가격을 정상경제로의 회귀시점으로 본다. 길게 보면 한국의 원화 강세는 지속되어야 할 운명인 것이다.

1989년 4월 한국 내의 달러는 668원 90전,
1995년 6월 달러 국내 가격은 759원 50전,
2007년 9월에는 903원 20원이었다.

다음으로 롱텀디플레이션 중이었던 일본도 1996년 6월에서 1998년 6월 사이 약 2년 동안에는 롱텀디플레 중에 나타나는 엔·달러와 니케이지수의 정비례 관계에서 벗어나 정상경제화되어 엔·달러와 니케이지수가 반비례 관계를 유지했다는 사실이다. [그림 24]의 2개의 수직점선들이 이를 나타내고 있다.

바로 이때가 일본의 와타나베(Watanabe) 부인들이 엔 캐리트레이드로 득세한 시기이기도 하다. 약 2년간 일본 와타나베 부인들의 달러 재테크가 돋보였던 시기였다.

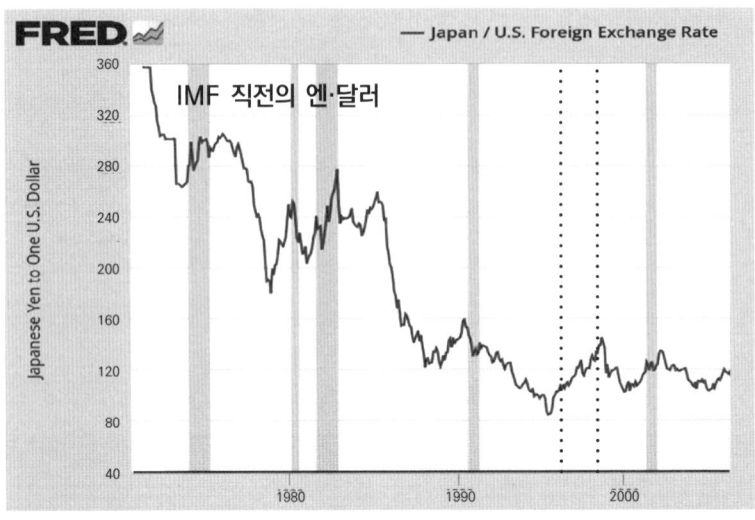

[그림 24] 일본의 엔·달러, 니케이지수(1996.6~1998.6)

[그림 2]와 [그림 4] 및 [그림 24]의 상황들을 동시에 감안해서 보면 아베노믹스로도 일본의 롱텀디플레이션은 아직 치유되지 못했음을 간단히 알 수 있다. 평상시의 환율대로 복귀하지 못했기 때문이다.

[그림 2]는 1971~2018년까지 약 48년간의 엔화와 니케이225 지수의 변동을 연도별로 맞춰 놓았기에 3자의 관계를 한눈에 볼 수 있다. 수직점 선을 따라가면 같은 해 같은 월의 엔화 가치와 니케이지수를 볼 수 있다.

이 중에서 특히 1988년 12월 이후의 변동을 주목하기 바란다.
롱텀디플레이션이 시작되면서 엔화환율도 오르고 주가도 급등하였다. 수직점선 ②와 ③ 구간이다. 즉 롱텀디플레이션 현상을 볼 수 있다. 이처럼 다이아몬드 달러투자법은 전혀 먹히지 않는 것이 바로 롱텀디플레이션인 것이다.

다이아몬드 달러투자법이 먹히지 않는 곳이 바로 롱텀디플레 경제의 시발점이고, 다이아몬드 달러투자법이 먹히기 시작하는 곳이 바로 인플레 경제로의 회귀를 의미하는 것이다.

[그림 25] 영국 브렉시트 이후 파운드화의 가치변화 추이

또 한 가지, 브렉시트로 폭락한 파운드화의 그래프와 그 이후 파운드화의 가치변화를 [그림 25]로 살펴보자.

수직점선이 브렉시트가 단행된 2016년 6월 23일 파운드화의 급락 상황을 나타낸 그래프이다. 당일 파운드화는 달러와 비교하여 약 4% 폭락하고 주가지수는 6%나 폭락한 바 있다.

그 후 여러 가지 우여곡절이 많았지만 [그림 25]를 통해서 일견하면 아직도 영국 경제는 제자리를 찾지 못하였음을 알 수 있다.

어느 나라나 경제적인 충격으로 달러가 폭등한 이후에 평상시의 환율로 회귀하여야 정상적인 경제상태로 돌아왔음을 추론할 수 있는 것이다.

한 가지 명심 또 명심할 것은, 롱텀디플레이션 시에는 달러에 절대로 투자하지 말아야 한다는 것이다. 롱텀디플레이션에 처한 나라에서의 달러는 현금이 아니라 재산이며 아파트, 주식 등과 같은 재산처럼 폭락하기 때문이다.

따라서 달러현찰, 즉 달러 예금은 물론이고 해외에 투자한 해외배당주, 해외성장주, 해외리츠 등 해외투자 자산은 [그림 2]와 [그림 4]를 보면 일본 국내의 달러 가격의 지속적인 하락으로 일본인의 유령달러처럼 귀국하지 못하게 됨을 특히 유의해야 한다.

그래서 필자는 이번 대세 상승을 끝으로 우리나라도 롱텀디플레가 본격화되므로 해외투자에 절대 나서지 말라고 말해 온 것이다. 1985년 2월 262.80엔이던 일본 내의 달러 가격은 대폭적인 폭락을 지속하여 1995년 6월에는 84.78엔(최저치는 2012년 1월 31일의 76.34엔)을 기록했다. 67.7%가 폭락했다. 2008년에는 75엔 정도까지 폭등한 바 있다.

즉 해외투자자산은 350%가 올라야 일본 국내로 반입 시 본전인 것이다. 게다가 전 세계에 찾아올 디플레로 해외에 투자한 자산 그 자체의 가격도 대폭 내릴 것까지 감안하면 앞길이 아득할 뿐이다.

숏텀디플레, 즉 통상적인 불경기가 도래할 때에는 주식시장의 대세 하락과 함께 일시적으로 급등했던 달러 가격은 앞에서 살펴본 대로 바로 제자리로 회복된다.

그러나 인플레이션에서 롱텀디플레이션으로 바로 연결된 1990년 이후의 일본을 보면 일시적으로 급등했던 달러는 롱텀디플레가 진행되는 동안 지속적으로 하락하게 된다는 사실이다. [그림 2]를 다시 참조하기 바란다. 그래서 이번의 재산 간 순환변동은 특히 유의해야 한다.

따라서 본 저서를 통해 롱텀디플레 지식까지 익힌 투자자는 롱텀디플레를 인지하는 즉시 달러인버스 ETF를 사야 하는 것이다. 달러대출을 받는다면 즉시 매도한 후에 달러인버스 ETF를 매도하면서 동시에 달러를 사서 상환하면 된다. 더블로 돈을 벌게 된다.

반복하지만 롱텀디플레이션 시에는 왜 달러와 기타 자산들이 동시에 장기간에 걸쳐 하락하는가는 연구대상이다. 지금까지의 사실들을 알게 되면 롱텀디플레이션을 판단해 내는 기법과 롱텀디플레가 끝났음을 알아내는 것이 바로 대박 재테크의 가장 중요한 '비밀의 문'임을 알 수 있다.

다시 말하지만 숏텀디플레와 달리 롱텀디플레 시에는 기존의 다이아몬드 달러투자법과 달리 달러 가격이 계속 내린다는 점이 핵심이다. 이것을 놓치면 안 된다. 또한 모든 실물 가격도 계속 내린다는 점이다.

따라서 롱텀디플레 시절에는 마땅한 투자수단이 없다. 몇 가지의 인버스 ETF와 현금 국채 등 투자수단이 몇 가지밖에 없다.

즉, 롱텀디플레시에는 기존의 경기순환적 디플레, 즉 불경기 때의 투자 방법과는 완전히 달라져야 한다. 이것이 바로 다른 책에서는 거론조차 않는 롱텀디플레 시의 성공투자에 이르는 비밀의 문이다.

이 비밀의 문을 열고 들어오면 월급쟁이와 가난뱅이도 진정한 부자가 될 수 있다. 노동자 계급에서 자본가 계급으로의 진입이 가능하다.

일본인들의 해외투자자산은 350%가 올라야 일본 국내로 반입 시 본전인 것이다. 게다가 전 세계에 찾아올 디플레로 해외에 투자한 자산 그 자체의 가격도 대폭 내릴 것까지 감안하면 앞길이 아득할 뿐이다.

숏텀디플레, 즉 통상적인 불경기가 도래할 때에는 주식시장의 대세 하락과 함께 일시적으로 급등했던 달러 가격은 곧이어 제자리로 회복된다.

그러나 인플레이션에서 롱텀디플레이션으로 바로 연결된 1990년 이후의 일본을 보면 일시적으로 급등했던 달러는 롱텀디플레가 진행되는 동안에도 지속적으로 하락하였다는 사실이다.

그래서 이번의 우리나라의 재산 간 순환변동은 특히 유의해야 한다. 이번에 찾아오는 세계적인 롱텀디플레이션은 제2차 세계대전 후 약 70년 만에 찾아오는 롱텀디플레이션이다.

노동자가 자본가가 될 수 있으며 잘못 대처한 자본가는 노동자로 전락할 만큼 대변혁기이다. 간단히 1988년 12월에 시작된 일본의 롱텀디플레이션 기간 동안의 투자자산들의 가치변화를 반면교사 삼아서 검토해 보라!

주식과 부동산은 무려 80%까지 폭락하였으며 상대적으로 현금 및 현금등가물은 구매력이 80%까지 폭등했음은 분명하다. 만약 현금을 가지고 롱텀디플레이션을 대처하였다면 현금 보유만으로도 최소 80%의 이득을 본 것이다.

단순하게 현금이 아니라 수익이 발생하는 국채나 인버스 ETF를 보유했다면 그 수익률은 가히 상상을 뛰어넘을 정도가 되는 것이다.

새로운 부의 탄생이 시작되는 시점이 바로 롱텀디플레이션의 시발점이다. 앞에서 설명했듯이 2032~2033년이나 되어야 다시 70년 정도 지속되는 인플레이션 경제로 진입하게 되는 것이다.

제 4 부

악의 금융학

금융(金融, finance)의 사전적 정의는 이자를 받고 자금을 융통하여 주는 것을 말한다. 금융은 정상적인 자금의 융통을 말하지만 악(惡)의 금융이란 정당하지 못한 자금이나 탈세한 자금을 융통하는 것을 말한다.

합법적으로 번 돈이어도 탈세하기 위해 숨어 버리는 자금이나 비합법적으로 번 돈이어서 지하로 숨어 버리는 자금, 이런 자금도 융통되므로 이를 악의 금융이자 지하자금이라고 부른다.

탈세와 절세는 글자 한 자 차이에 불과하지만 각국 지하자금의 규모는 경제정책을 방해할 정도로 커져 가고 있다. 제4부를 '악의 금융학'이라 정했는데 정당하지만 미묘하게 불법 유통되는 불법스런 금융도 같이 다뤄 보기로 한다.

누구도 악의 금융액 규모를 정확히 파악할 수 없으나 어느 나라나 GNP의 10% 이상일 것으로 추정한다. 엄청난 세원이 누수되고 있는 것이다.

늘 거론되는 정치자금이 있고, 마약, 도박 자금도 대표적이다. 법의 보호를 받는 의료법인, 학교법인, 종교법인 등의 수입은 파악조차 안 되고 있는 게 현실이다.

챕터 21

부를 지키려면 법인을 보유하라

큰 부자가 되려거든 먹이사슬의 맨 위에 서야 한다. 그러기 위해서는 창업하는 것이 가장 유리하다. 인터넷 기반 기업을 창업하여 IPO를 거쳐 창업자 이윤(창업자 이득)을 챙겨야 한번에 큰 부자가 될 수 있다.

그러기 위해서는, 즉 인터넷 기반의 창업을 하려면 시대를 읽을 줄 알아야 한다. 새로운 아이템을 찾기 위해서는 다양한 책을 읽고 이를 하나로 통합해 내는 습관을 키우고 능력을 키워야 한다. 이런 기업들은 창업 당시, 가족회사로 출발하는 경우가 많다.

소위 가족회사인 '최대주주 및 특수관계자가 80% 이상 지분을 보유한 법인'(개인 유사법인)이 주주에게 이익을 분배하지 않고 과도하게 유보소득을 보유한 경우에, 즉 초과 유보소득을 쌓아 둘 경우 정부는 주주에게 배당한 것으로 간주해 배당소득세를 과세하려 했다. 일단 유보되었지만 결국엔….

법인세율이 개인 소득세율보다 낮기 때문에 법인 설립·전환을 통해 소득세 부담을 회피하는 경우가 발생하고 있는 것이다. 이 법이 시행되면 개인·법인 간 과세 차이를 이용한 소득세 회피가 방지될 것으로 보인다.

그래도 법인이 유리한 점은 많다. 법인이 유리한 점은 〈챕터 15. 모든 것에는 타이밍이 있다〉를 다시 한번 읽어 보고 아래 사항들도 기억하기 바란다.

아무리 재산이 많아도 3대를 지나면 상속세로 재산은 다 없어진다. 그러면 부는 상속되지 않는 것이나 마찬가지가 된다. 그래서 웬만큼 부를 쌓았으면 이제는 중산층 뛰어넘기 대책이 필요하다. 가문, 즉 집안 단위로 생각해 봐야 한다.

상속세를 줄이거나 피하기 위한 갖가지 기법들이 동원되지만 무엇보다 중요한 것은 합법적으로 면세처리를 받는 방법일 것이다. 바로 그 중심에 학교법인과 종교법인이 있다.

개인의 재산을 법인 소유로 바꿔서 법인 소득을 개인의 근로소득·배당소득·퇴직소득으로 나눠서 지불하게 되므로 세율도 낮아지는 효과가 있다.

얼마 전 정치권을 뜨겁게 달군 사안이 있다. 바로 초과배당을 통한 절세 기법이다.

특정 주주에게 지분율 이상의 이익금, 결국 임대법인이라면 임대료를 더 배당하는 초과배당 제도를 이용하여 증여세 절세가 가능하다. 초과배당은 결국 배당을 포기한 주주가 초과배당을 받는 주주에게 증여한 것이므로 증여세를 내야 한다.

이때 이중과세를 방지하기 위해 미리 낸 배당 소득세만큼을 증여세에서 공제하는 규정이 있다. 법인을 활용하면 금융소득 종합과세를 피해 가게 된다.

여기서 생각해 보거나 검토할 일은 현물출자로 자본금을 10억대 이상으로 올리고 적자배당 등으로 배당금을 대폭 늘리거나 퇴직금을 많이 책정하여 지불하는 것이다.

이를 세대 간 증여에 활용하는 것이다. 예컨대 아들이 법인에서 17억 원을 초과 배당받으면 배당 소득세로 약 6억 원을 낸다. 이때 추가로 발생하는 증여세(5억 2천만 원 발생)에서 이미 낸 배당 소득세(6억 원)를 공제받으므로 증여세가 발생하지 않는다.

실질적으로 아버지가 아들에게 11억 원을 증여하면서 증여세를 내지 않아도 된다. 이는 현행 세법상 증여세 없이 증여하는 유일한 방식이다.

상업용 부동산의 소유자를 법인으로 만들어 증여에 활용하는 방식은 정부가 취득세 감면 등의 혜택도 주고 있어 적극적으로 고려해 볼 만하다. 이 밖에도 법인을 활용하면 금융소득 종합과세를 피해 가게 된다. 주식양도 차익 등등도 마찬가지가 된다.

다음으로 부자들이 법인을 활용하여 그린벨트 등 땅투기를 많이 하는 이유를 알아보자. 이는 한마디로 담보인정비율의 마법을 활용하는 것이다. 주택담보대출은 LTV, DTV 등으로 분할상환으로 투기가 불가능할 정도이지만, 토지는 담보인정비율이 보통 80%이며 원금분할상환시키지도 않는다.

토지의 경우는 소득상환능력 DTI도 쉽게 해 준다. 앞서 주식으로 부자 되는 법에서도 레버리지율을 높여서 투자하는 것이 가장 유효하다고 말했지만 토지투자 시에도 역시 레버리지를 최대한 높여 투자해야 이익이 커지게 된다.

문제는 정보다. 개발 호재를 미리 알고 2억짜리 땅을 자기 돈 4천만 원을 투자하여 10년간 이자만 내다가 20억을 만들어 낸다. 정보가 없으면 오랫동안 이자를 내고 기다려야 하지만 정보가 있다면 몇 년 안에 결과가 나온다.

사마천은 《사기(史記)》에서 재벌을 소봉(素封)이라고 불렀다. 소(素) 자는 흰색을 의미한다. 즉 색깔 없는 모자를 썼지만 제후 이상의 권력을 가진 자를 말한다. 사마천의 재벌론 중 우리의 관심대상은 재벌이 되는 길이다. 그의 투자원칙은 워런 버핏과 같이 역시 역발상 투자다.

다음은 다산 정약용의 부자론이다.
그는 〈유배지에서 보낸 편지〉를 통해 아들 정학연, 정학유 형제들에게 가난한 선비로 사는 길을 이르고 또 일렀다. "'근(勤), 검(儉)', 이 두 글자를 정신의 부적으로 삼고 천하의 재물을 간직하는 최고의 방법은 베풂이며 위를 올려다보지 말고 아래를 보라."

어느 정도 부를 가지면 부자라고 할 수 있을까? 10억? 100억? 아니다. 부자란 매년 쓸 만큼 돈을 썼는데도 연말에 돈이 불어나 있으면 부자인 것이다. 너무 욕심들 낼 이유도 필요도 없다.

챕터 22

가문의 부동산을 만들어라

나무는 큰 나무 덕을 못 보아도 사람은 큰사람 덕을 본다. 옛날 가난하던 시절, 장남만 대학에 보내고 차남 이하는 교육을 대충 시키고, 그 후에 장남이 도와줘서 모두 잘사는 경우를 많이 봐 왔듯이, 집안의 큰사람은 가계를 돌볼 수 있다. 이럴 경우 가계가 같이 운영하는 회사나 부동산을 보유하면 간단히 그 목표를 달성할 수 있다.

대표적인 방법이 다가구주택 임대업이다.
다가구주택이란 단독주택의 일종으로, 소유권은 한 사람만이 가질 수 있으나 건물 내에 여러 가구가 살 수 있도록 연면적이 660㎡ 이하인 주택을 말한다. 구획마다 방, 부엌, 출입구, 화장실이 갖추어져 있어 한 가구씩 독립하여 생활할 수 있으나 각 구획을 분리하여 소유하거나 매매(분양)하기가 불가능한 주택을 말한다.

또한 다가구주택은 건축법 시행령에 따르면 3층 이하, 바닥 면적이 660㎡ 이하이며, 2세대 이상 19세대 이하가 거주할 수 있는 주택이다. 대학가나 공단 근처의 원룸주택들이 주로 이에 해당한다.

다가구주택은 가구당 60㎡ 이하인 경우 고급주택 규정에서 제외되기 때문에 세제 혜택을 받을 수 있다. 또한 등기가 구분되지 않아 1가구 1주택에 해당하는 다가구주택은 2년 이상 보유할 경우 대개 비과세 혜택을 받을 수 있다. 그러나 실거래가가 9억 원을 초과한다면 양도세 및 임대소득세가 부과될 수 있다는 점을 유의해야 한다. 과세기간 종료일(12월 31일) 또는 해당 주택의 양도일 현재를 기준으로 판단한다. 실거래가가 9억 원을 초과하면 면세 대상에서 제외될 뿐 아니라 모든 세제 혜택도 사라진다.

다음으로 생각해 볼 일은 공익법인(학교법인, 종교법인)을 세워서 쌓인 부를 지키는 법을 배우는 것이다.

7촌 조카·당숙·증손자까지 교무과 직원으로 채용하여 대대손손 먹고사는 사학재단도 많다. 우리들은 종교단체를 빙자해서 재산과 지위까지 상속하는 백태를 무수히 봐 왔다.

형제나 친척들도 전부 다 같이 잘살아야 우애도 좋아지고 행복해지는 것은 당연한 일이다. 학교법인이나 종교법인은 가문, 즉 집안을 살릴 수 있는 형태로 운영되고 있는 곳이 너무 많다. 즉, 집안끼리 운영하는 경우가 많다.

추가적으로 생각해 볼 일은 부동산으로 부자 되는 법이다. 부동산은 사는 순간 수익이 발생해야 하고 그런 부동산에만 투자해야 한다. 즉 돈 먹는 부동산과 돈을 벌어 주는 부동산으로 구분하여 투자하여야 한다.

좋은 부동산(교통, 학군, 역세권, 환경, 도심지 상가, 지식산업센터, 대학가 주변 주택 등)에 투자하면 되는데 이의 구분은 불황기가 되면 저절로 드러난다.

챕터 23

최고의 투자처는 농지투자

"현직 국회의원 4명 중 1명, 농지 소유한 '여의도 농민'"이란 제목의 〈한국농정〉, 2021년 2월 1일자 기사처럼 농지투자는 좋은 점이 너무나 많다. 그렇기에 국회의원 300명 중 25%나 되는 76명이 본인 또는 배우자 명의로 농지를 소유한 '여의도 농민'으로 조사됐다는 통계가 있었다고 본다.

매년 수확을 하며 땅값 또한 오를 여지가 많다. 가장 살기 좋고 교통이 모이는 곳이 자연부락이며 그 근처에 있는 농경지는 으뜸인 것이다.

이를 장기투자한 후, 즉 10년 후를 내다보고 투자하면, 수확 + 지가 상승 + 농지연금의 혜택을 전부 누릴 수 있는 가장 좋은 투자처 중의 하나이다. 개인보다 농업법인을 설립하여 관리하면 훨씬 더 자유롭다. ○○농산물주식회사 등등의 명칭을 사용한다.

한동안 한국 토지시장을 지배했던 토지는 임야투자였다. 묻지마 투자가 횡행했던 시절, 적은 돈으로도 싼값에 넓은 평수의 토지를 보유할 수 있었다. 그러나 세월이 흘러 알게 된 것은 누구의 말처럼 '산은 산이요, 물은 물'이었다. 즉 각종 규제로 산은 보기에만 좋을 뿐 막대한 개발이익을 향유할 토지는 아니었음이 증명되었다.

그러나 이는 세월이 더 지나면 임야연금이 시행될지도 모르는 상황을 누구나 모르고 있는 것과 같다. 개인이 보유한 임야는 신선한 산소와 물을 사회에 공급해 주지만 각종 세금과 이용 제한만 받고 그에 대한 대가는 주어지지 않았다. 이것들이 장기적으로는 임야연금이 시행되어야 하는 구실이 된다.

한국은 경자유전의 법칙이 적용되어 농민이 아니면 농지를 합법적으로 취득하거나 보유하기가 쉽지 않다. 10년에 한 번 강산이 변하니까 토지(전답)를 소유하게 되면 적어도 10년을 그대로 보유한다. 경험상 최소 200평은 되어야 개발 혜택을 누릴 수 있다. 그 후 가격이 10배 정도 오르면 건축도 가능해진다. 100평을 분할해서 팔고 나머지 100평에 건물을 지으면 된다.

옛날부터 산 좋고 물 좋은 곳에 자연부락을 중심으로 우리 조상들은 모여 살았다. 그 후 세월이 흘러 그 자연부락이 도시화되어도 결국 예전 마을의 중심지가 역시 개발지의 중심지가 된 경우가 훨씬 더 많다.

이 경우에도 동네 뒷산은 역시 그대로 산으로 남아 있다. 옛길은 대개의 경우 그대로 넓어진 큰 도로로 변해져 있다. 동네를 개발하고 나서 살펴보면 역시 농사짓던 논밭에 큰 건물이나 아파트가 들어서 있음을 보게 된다.

그래서 전답이 중요한 투자처이기도 하지만, 농지는 장기간 경작하면 양도소득세가 일정한 경우에는 100% 면제된다. 이보다 더 큰 혜택이 있을까? 앞으로는 세금대책이 가장 중요한 부동산투자 시 감안해야 할 요소다.

게다가 농사를 짓는 동안에는 적더라도 매년 수익이 나온다. 즉 수익성 부동산의 대표가 바로 도시근교의 농지투자이다. 수십 년간 농사를 짓다가 팔거나 혹은 영농회사에 맡겨도 세제혜택은 거의 같다.

특히 10년 후에 농지연금을 탈 수 있는 농지에 투자하라. 1억의 농지를 사서 10년간 보유한 후 연금을 탈 나이(65세)가 되어 농지연금에 가입한다면 지금 기준으로 약 300만 원의 농지연금을 평생 탈 수 있다.

부부 각기 농지를 보유한다면 각각 300만 원을 탈 수 있다. 새만금지구를 기준으로 보면 10년 동안 약 10배의 지가상승이 있었음을 알 수 있다.

마지막으로 우리나라에도 산지연금(임야연금)이 도입될 날이 머지않았다고 본다.

챕터 24

통일 시의 재테크

북한의 개혁·개방 후의 최고의 재테크는 바로 북한 돈이다. 이미 미지급 이자가 많이 쌓여 있을 것이므로 북한 국채가 당연히 현금보다 더 좋다. 아마도 초단기에 5~10배 이상의 이득이 주어질 것 같다.

그 증거로는 개혁·개방 후의 중국 위안화 환율의 드라마틱한 절상을 보여 주는 [그림 3]과 베트남의 환율 변동 그래프 [그림 25]와 인도 루피화의 환율 변동을 보여 주는 [그림 26]을 통해 3국 화폐의 대달러 절하율을 보면 알 수 있다.

독일의 경우에는 동독 돈의 가치를 통일 전의 가격 그대로 인정해 주었던 사실을 기억해야 한다. 흔히들 화폐가치는 국력의 상징이라고 말한다. 그래서 사회주의 국가들은 자국 화폐의 가치를 달러 대비 거의 대등하게 둔다.

어차피 계획경제이고 물건의 가격은 정부에서 통제하기에 가능한 일이다. 통일 독일도 동독의 화폐와 서독의 화폐를 1 대 1로 똑같이 인정해 주었기에 북한의 화폐도 당연히 1 대 1로 교환해 줄 것으로 본다.

사실상 북한의 경제규모는 한국의 1/100도 안 되니까 통화량 또한 크지 않을 것이다. 따라서 경제에 미치는 영향 또한 거의 없을 것이다. 북한의 국채 또한 마찬가지다. 통일 독일처럼 밀렸을 국채이자와 원금을 전부 대한민국 정부에서 주게 될 것이다.

독일은 통일 과정에서 15년가량 후유증을 경험했으나 현재는 세계 4위 경제대국으로 성장했다. 부동산에 관심이 많겠지만 통일이 되더라도 소유권이나 영구임차권 등 권리단계가 확정될 때까지는 긴 시간을 거치게 될 것이다. 등기부가 살아 있다면 독일처럼 국가에서 개인에게 소유권을 넘겨주게 될 것이지만….

주식시장에 통일은 대형 호재로 작용한다. 독일은 통일이 된 1990년부터 10년 뒤인 2000년까지 독일 DAX지수는 240% 상승했다. 통일이 되면 대개는 도로와 항만, 전력 등 인프라투자가 이뤄질 것으로 생각한다.

신영증권에 따르면 독일은 의류와 제약 등 경공업주가 실제로 많이 올랐다. 의류 대표기업이었던 휴고보스는 1990년 9월부터 2000년까지 971% 폭등했다. 바이엘은 같은 기간 445% 올랐다. 물류기업 대표였던 루프트한자는 397% 상승했고, 전력 대표 E.ON은 336% 올랐다고 한다.

그러나 통일이 무엇보다 중요한 것은 한국의 롱텀디플레에서의 탈출을 도와 조기에 끝내게 된다는 것이다. 북한 인구는 약 1천200만 명이다. 이 인구가 소비 및 생산 인구를 메워 주게 된다.

단군 이래 최대의 인구증가가 단기간에 이뤄지는 것이니 축복이 될 것이다. 물론 독일처럼 서로의 적응 과정이 필요한 것은 어쩔 수 없을 것이다.

독일은 전 세계에서 제일 먼저 '독일소멸론'이 인정될 만큼 공공연한 인구 감소 국가였다. 그러나 통일로 단번에 인구가 급증했다. 인구가 급증한다고 해서 한꺼번에 경제가 좋아지는 것은 아니듯이 인구가 준다고 한번에 경제가 침체되는 것 또한 아니다.

흔히들 얘기하는 베이비부머 세대의 은퇴나 단카이 세대의 은퇴가 경제를 한번에 디플레이션으로 몰아가는 것은 아니다. 사람들은 실업자가 되더라도 서서히 소비를 줄여 가기 때문이다.

앞의 챕터에서도 얘기했듯이 해리 덴트의 인구절벽론은 과장이나 침소봉대라고 봐야 한다. 또한 사회주의 국가들의 경제는 계획경제여서 자국 통화는 엄청나게 고평가되어 있다.

개혁·개방 후의 중국과 베트남의 드라마틱한 화폐절상 그림들을 통해서 다시 보라. 당연히 그들의 수출단가는 천정부지로 튀어 오르고 대호황을 맞게 된다.

중국의 개혁개방 후의 위안화 절상그래프([그림 3])를 확인해 보라! 그리고 베트남과 인도의 개방 후의 대달러환율을 보고 마음을 다져야 한다.

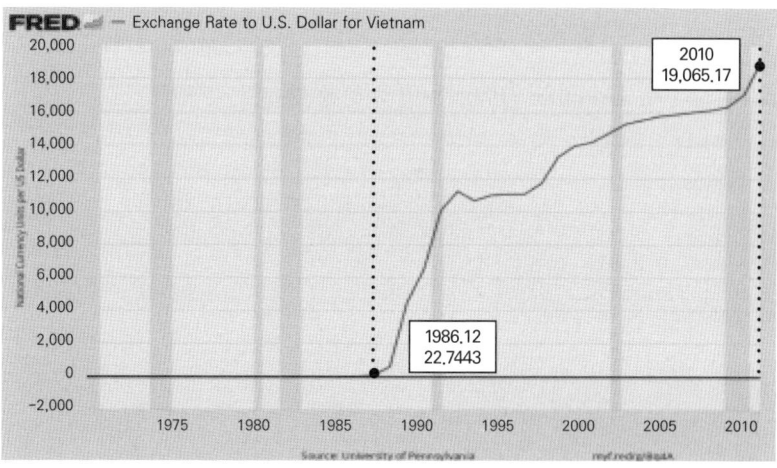

[그림 26] 베트남의 모이모리 후의 절상 후 가치변화

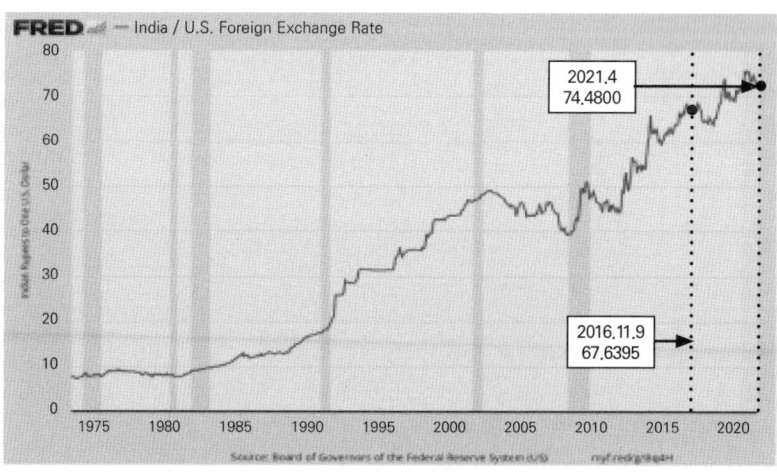

[그림 27] 인도 루피 대달러 그래프(2016.11.9 디노미네이션 단행)

남북한이 통일이 될지, 북한이 개혁개방으로 나아갈지 아무도 모르지만 투자자 입장에서 북한이 매력 덩어리임은 맞다.

먼저 통일이 된 독일의 사례가 있고, 먼저 개혁개방을 한 중국과 베트남의 사례가 있으니 비교 검토해 보면 미래를 예측할 수 있다.

챕터 25

비트코인의 장래

2021년 4월 들어 비트코인 가격이 한때 한화로 7천877만 원을 찍었다. 잇따른 부양책과 그에 따른 유동성 증가와 화폐가치의 하락, 기관투자가들의 비트코인 투자 확대 등이 영향을 미친 것으로 풀이된다.

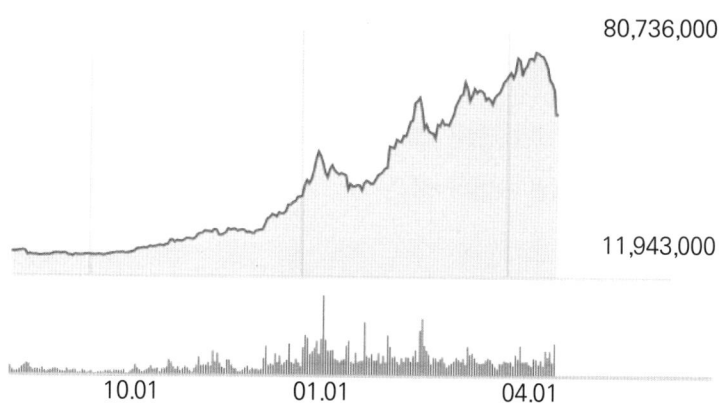

[그림 28] 비트코인 시세(UPbit 제공. 2021년 4월 23일 시세)

비트코인은 법정통화로서의 여러 가지 조건을 만족시키지 못한다. 게다가 각국 정부에서 누리는 시뇨리지 효과를 비트코인 발행업자에게 무상으로 권한을 이양한 것이나 마찬가지가 되어 이를 민간이 독점하게 된다.

게다가 아무나 디지털 화폐를 발행해도 되는 웃기는 현상에 불과하다. 대공황 전에는 중앙은행이 민간기업이었다. 민간기업이 법화를 발행하는 것은 아무래도 어색하다.

각국 정부는 이 시뇨리지 혜택을 어떤 경우에도 무상으로 양보할 수가 없다. 종이가 돈으로 변하는 신기한 마법이다. 바로 법화의 강제 통용력이다.

100달러짜리 지폐나 10달러짜리 지폐의 제조원가는 거의 같은 종잇값이며 통용되는 구매력에 비교하면 거의 제로에 가깝다. 마진율 100%에 가까운 크나큰 사업이다.

따라서 현재처럼 민간이 발행하는 비트코인은 정부의 디지털 화폐의 강제 통용력에 밀려서 머잖아 사라지게 될 것으로 보인다.

비트코인은 화폐의 4대 기능이랄 수 있는 교환수단, 지불수단, 저장수단, 가치척도로서의 기능을 갖지 못한다. 한마디로 비트코인은 화폐의 기능을 다하지 못한다.

이 비트코인의 보유, 거래내용 등을 일목요연하게 파악하기 위한 블록체인 기능을 제외한 비트코인의 역할은 장차 그 생명을 다할 것으로 보인다. 하지만 비트코인은 각국 중앙은행이 발행하는 디지털 화폐, 디지털 코인으로 발행되어 활성화될 것으로 보인다.

〈뉴시스〉의 기사에 따르면 이 디지털 화폐의 발행과 유통에 가장 앞선 곳은 현재로서는 중국이다. 디지털 위안화가 현재 중국에서 강제적으로 통용 실험에 나서고 있다. 인민은행은 디지털 위안화의 '실험 성공'으로 "조만간 현금·디지털화폐 공존이 도래"한다고 말한 적이 있다.

인민은행은 지난 12일 광둥성 선전시 정부와 협력해 이날 선전 시민 5만 명에게 각각 200위안(약 3만 4천 원)씩, 총 1천만 위안(약 17억 원)의 디지털 위안화를 뿌렸다.

전국에서 진행하는 실증실험 동안 400만 건의 거래를 통해 20억 위안(약 3천400억 원) 상당의 지불이 순조롭게 이뤄진 것으로 나타났다.

중국에서는 디지털 위안화 실험이 제대로 이뤄짐에 따라 현금과 디지털 화폐가 공존하는 시대가 조만간 도래하게 될 것으로 보인다. 그러나 장기적으로 비트코인 등 사설 디지털 화폐는 사라질 운명으로 보인다. 기념품 정도로 존재할 것으로 추측한다. 일론 머스크도 비트코인에 막대한 투자를 했지만….

각국 중앙은행이 발행한 CBDC(Central Bank digital currency)만이 디지털 화폐로 존재하게 된다. 개인별 전자지갑에 디지털 화폐로 각자의 돈을 보관하므로 은행계좌나 신용카드가 없어도 결제나 송금이 가능해진다는 뜻이다. 이에 따라 신용카드나 결제대행업체들의 위상은 존재하기도 힘든 지경이 될 것이다.

디지털 화폐는 위조화폐의 유통을 막기 위해서 블록체인 기술이 반드시 필요하다. 비트코인을 중앙정부가 법화로 발행하게 되어 디지털 화폐로 유통될 수 있다.

스마트폰의 기술과 합쳐져 송금, 환전 기능 등도 순식간에 보편적으로 간편화될 것으로 보인다. 또한 휴대전화와 은행계좌, 신분증 없는 외국인의 이용도 미리 대비하여야 할 것으로 보인다.

그러나 블록체인 기술과 결합된 정부 발행의 디지털 화폐의 거래내용은 100% 정부에 노출된다고 봐야 한다. 각국이 디지털 화폐만을 쓴다면 지하자금(Black money)은 한꺼번에 이 세상에서 퇴출될 것이다. 즉 악의 금융은 사라진다. 자금세탁, 테러자금, 탈세, 온라인 도박도 근절된다.

미국은 달러를 통해 국제결제 주도권을 장악하고 달러 결제망에서의 배제를 대립 국가에 대한 제재 수단으로 발동하고 있다. 즉 달러결제시스템에서 탈락되면 무역금융이나 국제거래의 송금 시 세계의 은행결재시스템에서 탈락되어 외교행랑이나 별도 운반수단(비행기, 배 등)으로 달러를 직접 지불하게 되는 것이다.

전 세계에 디지털 위안화가 보급되면 중국에 대한 미국의 우위가 약화할 수밖에 없다는 것이 중국의 속셈이지만 여기에도 큰 싸움이 잠복해 있는 셈이다.

중국은 2022년 2월 베이징 동계올림픽 때까지 디지털 위안화의 발행을 목표로 디지털 화폐 도입에 매진 중이다.

위안화는 알리페이·위챗페이 등 민간 전자결제 시스템의 힘을 뺄 수 있는 수단이기도 하다. 전자결제는 소비자가 가진 은행의 예금을 중개해 판매자에게 전달해 주는 게 핵심이다.

하지만 그 자체가 '현금'인 디지털 위안화는 중개가 필요 없다. 온라인뿐 아니라 오프라인에서도 주위 사람에게 전송할 수 있다.

결국 중국 당국의 알리바바 때리기는 디지털 위안화를 통해 민간기업이 장악한 전자결제 시장을 정부 중심으로 재편하기 위한 의도가 숨어 있다고 할 수 있다.

또 마이너스 금리를 통한 경기부양에도 효과를 발휘할 것이다. 그동안은 장롱에 넣어 두면 마이너스 금리도 소비를 촉진시키지 못했지만 디지털 화폐는 안 쓰고 그냥 두면 정부에서 돈을 줄어들게 할 수 있다.

국제결제에서 달러는 38.26% 비율을 차지하고 있고 위안화는 2.42%에 불과하다. 앞으로 더 나아가 나라별 디지털 화폐가 아니라 세계적으로 통용되는 디지털 화폐가 발행된다면 달러 가치도 추락하게 될 것은 뻔하다.

챕터 26

폄훼와 오해

필자는 금년에 '인생 70 고희래'라고 외친 당나라 두보 시인이 말한 고희(古稀)의 나이다. 두보가 말했던 고희는 UN이 새로 정한 세대별 명칭에 따르면 이제 중년에 불과하지만….

얼마 전 UN에서 새로 정한 세대별 명칭을 한번 살펴보자.

0~17세: 미성년자
18~65세: 청년
66~79세: 중년
80~99세: 노년
100세~: 장수노인

이 새로운 UN의 인구분류표에 따르면 한국의 부머둥이 720만 명이 노년이 되는 연도는 2035년이다.

이해부터 한국의 경제가 또 한 번 요동을 치게 될 것이다. 2035년부터 약 5년간, 즉 2040년까지 필자를 포함한 이들이 인간 세상을 떠나 한국의 인구가 급격하게 700만 명 이상이 줄어들 가능성이 있으며, 주택, 주식, 의료 소비가 급감을 시작하는 해이다.

인구 문제, 부채 문제 등 객관적인 자료에 의한 것 외에는 재테크에 관해서 필자가 주창한 내용은 전부 독창적인 것이며 어느 누구도 거론한 적이 없는 내용이 주류다.

그러다 보니 독자 입장에서는 생경스럽기도 하고 제대로 이해를 못하는 경우도 꽤 되는 것 같다. 책의 내용에 관한 문의나 토론은 항상 대환영이다.

이제는 필자가 쓴 책이 이미 3권이나 되는데, 여기저기 필자의 책을 소개하거나 평가한 개인 블로그를 다니다 보면 황당하게 잘못 이해한 내용 소개로 당황스러울 때가 더 많다. 제대로 된 평가는 1~2곳에 불과하고 왜곡하거나 글의 내용도 제대로 파악하지 못하고 일방적 비판을 가하는 블로거가 더 많은 것 같다.

우선 그냥 비판이나 폄훼하는 이유는 비전문가가 쓴 전문서적이라고 해서 선입견을 가지고 바라보는 것 같다. 프롤로그에서도 얘기했지만 50년 투자경험과 경제·경영·법학적 이론적인 공부를 50년 정도 충분히 마친 개인투자가라는 점을 알려 주고 싶다.

프로듀서로 일하는 데 석사학위나 박사학위가 필요하거나 요식절차가 아니어서 마치지 않았을 뿐이다. 프로듀서로 일하는 데 학력초과도 약간은 부담스러운 일이다. 그들은 보통 사람으로 건전한 상식인인 것이 더 좋기 때문이다.

둘째로 아직 우리나라는 대세 상승이 진행 중이어서 향후에도 주식이나 부동산 특히 아파트는 30~80%의 추가상승이 기다리고 있다고 2018년 1월에 출간한 첫 저서인 《자식들에게만 전해주는 재테크 비밀수첩》부터 일관되게 수차례 얘기했지만 이 중요한 내용을 놓치고서 하락론자로 치부하는 일이다.

필자는 다시 이 항목을 통해서 달러 약세, 즉 원화 강세로 인한 주식이나 아파트의 폭등은 한 차례 남아 있으며 그 직후 50~80%의 대폭락이 약 10년 이상에 걸쳐 온다는 것을 강조한다.

금융회사에 근무하지 않은 필자의 예측을 회사 경력만을 보고 믿지 않으려고 애쓰지 마시길 부탁드린다.

롱텀디플레이션이 일본처럼 30년간 온다는 것을 놓치지 말길 바란다. 정확히 30년을 계산하면 2043년이 된다. 왜냐하면 2013년부터 우리나라도 일본이 1990년에 핵심경제활동인구가 줄어들어 고꾸라진 것처럼 2018년부터는 생산활동가능인구마저 이미 줄어들고 있기 때문이다.

셋째, 필자가 신 이론을 자신 있게 주창하는 이유는 실증적인 자료를 같이 제시하기 때문이다. 미국 연방준비은행은 전 세계 주요국의 모든 경제지표를 통계가 잡히기 시작한 이래로 줄곧 정리해서 발표하고 있다.

필자는 이를 활용하여 실증적으로 연구하고 분석하여 미래를 추론한다. 필자 스스로도 경제학과 교수나 경제연구소 연구원이 아니기에 일반 투자자들이 믿기 어려울 것이긴 하겠구나 하고 생각하기에 자료로 입증되지 않는 경우엔 확실하지 않은 경우에는 주장하지도 않고 혹 주장한다면 추론한다고 미리 고지한다.

넷째, 우리나라 도서관 숫자는 선진국에 비해 턱없이 부족하지만 거의 모든 공공도서관에 필자의 책이 보관되어 있는 것으로 안다. 도서관에 가서 빌려 보면 되는데 아마도 서점에서 도독(盜讀)한 것 아닌가 싶다.

즉 서서 간단히 목차나 주요 내용을 대충 읽고 마치 독서량이 많은 지식인처럼 포장하기 위해서 블로그를 작성한 것이 아닌가 싶다. 그렇지 않다면 책의 가장 주요한 포인트를 놓치고 평가를 내릴 수 없다고 본다.

다섯째, 용감하다. 미안하지만 용감한 자가 있어야 퀀텀 점프한다. 테슬라를 보라. 상상도 못 하던 배터리차, 즉 전기차를 현실로 만들었으며 귀환 캡슐을 재활용해 우주여행을 현실화시킨다.

박사 아니면 책 쓰기를 두려워해야 하는가? 사실 박사들은 너무 조심스럽고 자기 분야만, 자기가 연구한 것만 잘 안다. 남의 분야는, 남의 전공 분야는 말하기조차 꺼린다. 인생을 오래 살면 모르는 것이 없어진다.

즉 재테크는 종합예술이다. 수학공식도 아니며 경제수학으로도 풀 수 없다. 한마디로 변화무쌍하다. 그러니 예측하기 쉽지 않다. 그러나 예측해 내지 않으면 안 된다. 그러기에 학문 간 교류가 필요한 지식이 필요한 것이다.

경제학·경영학만으로는 복잡한 경제현상이나 주가나 부동산의 오르내림을 예측할 수 없다. 경험이 50년쯤 쌓이면 종합적인 사람이 된다. 중도의 사람이 된다. 바로 이것이다. 이때 글을 쓰면 종합적인 시각이 된다.

PD란 자기 자신이 잘 안다기보다 잘 아는 사람을 많이 알면 되는 직업이다. 전문가들의 생각을 서로 연결시켜 온전한 프로그램을 만든다. 바로 이것이다.

여섯째, 경제현상은 변화무쌍하다. 남들과 달리 단정적으로 예단하고 예측하는 게 옳은가라고 묻는다. 필자도 다른 재테크 책들을 볼 때마다 수많은 의구심과 답답함을 느꼈다. 즉 항상 양비론이다. 예스나 노가 아니라 이럴 수도 있고 저럴 수도 있다.

이런 경향은 학자들이나 책임지기 싫은 애널리스트나 회사들이기에 그렇다고 본다. 증거가 확실하고 적어도 90% 이상의 확률로 확정적인 사항을 양다리 걸치기 식으로 저술하지 않는다. 아니 그럴 것이면, 즉 확률상 반반이라면 집필하지도 않는다.

Epilogue

미국인의 약 90%는 주식에 투자하고 있다. 그런데 가족의 안정을 위해서 주식시장 근처에도 안 가 본 분들도 꽤 많다. 바로 미국 인구 3억 3천만 명의 10%라 해도 3천만 명이나 된다. 한국의 주식 투자인구는 불확실하지만 작년 연말 현재 약 919만 명이다. 1천만 명 가까이나 되다니 놀랍다.

필자는 후진국 중의 후진국에서 전쟁둥이로 태어나 선진국이 된 대한민국에 살면서 많은 것을 배우고 느끼고 누리며(?) 살아왔다.

50년간 주식시장과 부동산시장을 들락거렸고 한국의 민주화 과정에 대학 1학년 때부터 저절로 참여하게 되었다. 가을 학기마다 거의 4년 동안 휴교령이 계속 내려졌기 때문이다. 참… 격랑의 50년을 배우고 경험한 것이다.

필자가 저술한 책들의 부제 등에서 공통적으로 말하는 것처럼 '자식들에게만 전해 주고 싶은'이라는 수식어를 쓰는데 이에 맞춰 내용들을 선별하고 요약하여 정리해 왔다.

거기에다가 한 직장에서 30년간을 프로듀서로 근무하면서 많은 것을 경험하였다. 살아온 세월을 되돌아보며 내 자식들에게도 재테크 등의 경험을 전해 주고 싶어 시작한 일이다.

우리나라에는 필자처럼 각 분야에서 30년간 쌓인 경험을 가진 분들이 각계각층에 있다. 하지만 이분들은 자기들의 경험을 전해 주려 시도하지 않는 것 같다.

어느 분야에서 무슨 일을 했건 직장에서 정년퇴직을 하신 분들은 전 세계 최고의 전문가들이다. 누구나 자기의 경험을 자식이나 후손들에게 전해주고 떠나야 할 책무가 있다고 생각한다.

한국의 빛나는 문화유산 중에는 조선왕조 500년의 기록이 있다. 정확히는 조선시대 제1대 왕 태조로부터 제25대 왕 철종에 이르기까지 472년간의 역사를 연월일 순서에 따라 기록한 역사서로 국보 제151호이자 1997년 유네스코 세계기록유산으로 등록된 최고의 기록문화이다. 전 세계 어느 나라도 이렇게 긴 세월의 왕조실록의 기록을 가진 나라는 없고, 앞으로도 없을 것이다. 현재 우리나라는 9개나 세계기록유산이 등록되어 있고, 일본은 아예 하나도 없다. 더더욱 놀라운 것은 우리의 세계기록유산 등록 건수가 중국의 5개를 능가했다는 사실이다. 가히 세계 최고의 문화국가였다고 판단된다.

우리의 실록은 역사기록으로서 객관성이나 공정성, 익명성을 인정을 받았기에 세계기록유산이 된 것이다. 가끔 사극에서 나오는 왕과 부하의 독대 장면은 전부 TV 방송국에서 재미를 위해 만들어 낸 허구에 불과하다. 절대로 있을 수 없는 일인 것을 시청자들은 알아야 한다.

사관이 같이 입회하지 않고서는 왕은 어느 누구도 단독으로 만날 수 없다. 또한 왕들은 왕조실록 기록을 볼 수도 없었기에 세계기록유산으로 인정받은 것이다. 우리 선조들은 이렇게 빛나는 기록문화를 가지고 있는데, 그 후손들은 언제부턴가 어떤 이유에선가 디테일을 남기지 않는다.

우리는 왜 이렇게 기록을 남기지 않는 민족이 되었을까는 학자들이 연구해야 할 몫이지만 각 직장 각 직종에서 30년 정도 근무한 분들은 전부 자기 분야의 디테일을 남기고 가야 한다.

일본인들은 열대어를 기르면서 일자별 시간별로 10년간 일기 식으로 그 기록을 유지하고 《열대어 기르기 10년》을 책으로 낸 것을 본 적이 있다.

이런 것들도 기록으로 남기는 일본을 한국은 어쩌면 영원히 따라잡을 수 없을 것 같다. 그다음에 같은 열대어를 키우는 사람은 이 기록을 읽으면 바로 전문가 수준이 될 것이다.

우리 한국인들은 이런 기록들은 남기지 않는다. 이 기록을 읽지 않고 열대어를 기른다면 아마도 10년 이상의 시행착오를 겪어 봐야 각종 열대어를 죽이지 않고 이 기록을 읽은 사람만큼 기르게 될 것이다.

1877년에 완료된 일본의 메이지유신과 1895년 한국의 갑오경장까지의 시차인 약 19년간의 격차를 우리는 아직도 따라잡지 못하고 있다. 옛부터 우리 문화를 늘 갈구해 왔던 섬나라 일본에 아직도 모든 면에서 몇 년 이상씩 뒤진 것 같다. 이 차이를 뛰어넘으려면 세계에서 가장 선진화되었던 우리의 기록문화를 다시 활발하게 부활·발전시켜야 한다.

또 한 가지,
자신의 전문가적 삶의 기록을 직접 남기기 힘들다면 방송국 교양 프로그램 담당 PD에게 전화해서 소속된 작가 중 대필을 의뢰할 만한 현직 혹은 은퇴한 구성 작가를 소개받아 자신의 경험을 책으로 펴 낼 수 있다. 이렇게라도 은퇴한 전문가 여러분들의 소중한 인생 경험을 후세들에게 적극 전해 줬으면 하는 바람이다.

요즘은 책을 내는 것이 어려운 일이 아니다. 컴퓨터가 있기 때문이다. 이젠 원고지 문화가 아니다. 그러니 각 분야에서 30년간 정도 종사한 분들은 전부 자기 분야의 디테일을 남기고 떠나야 한다. 한국을 선진국 중의 선진국으로 만들 기초를 제공하고 떠나자는 뜻에서 강력히 권한다.

전문가라면 디테일(Detail)을 남기고 가자!

어느 분야에서 누구나 30년쯤 일하거나 근무했다면 그는 그 분야 최고의 전문가다. 수위로 30년을 근무했든 구두 수선공으로 30년을 일했든, 유명 식당을 30년간 경영했다면 그는 그 분야 제일의 전문가다.

변호사로서 30년간 민사소송 업무 혹은 형사소송 업무에 종사했다면 그 지식에 오르려면 30년 세월을 고스란히 바쳐야 한다. 이런 일은 건축가, 관세사, 한의사, 의사, 교수 등등 수없이 많다.

그러나 그가 기록으로 남겨 주지 않는다면 그 후배는 역시 같은 전문가가 되기 위해서는 30년의 세월을 고스란히 경험해야 한다. 만약 그가 그의 생생한 노력과 실패와 좌절과 발전의 기록을 남겨 준다면 후세들을 여기서부터 이어 갈 수 있다.

그만큼 한국이, 아니 그 음식점의 레시피가, 수위 업무가 발전할 수 있다. 그러하니 한 분야에서 30년쯤 근무했다면 모두 다 자기 기록을 남기고 가자.

어느 친구가 내게 말했다.
왜 글을 쓰느냐고, 그렇게 먹고살기가 힘드냐고 물었다.
물론 책을 쓰면 적당히는 돈도 번다. 그것보다 필자는 아는 것을 정리해 주고 가야 한다고 생각한다.

어느 산악인에게 물었다. 왜 내려올 산에 오르냐고?
그는 산이 거기 있어서 오른다고 말했다.
우문현답들이다.

맞다.
필자는 남기고 싶은 게 있으니까 글을 쓴다.
필자는 주식, 부동산 달러, 국채 등을 투자하는 재테크 기법이나 경험 중에서 여태까지 책으로 남긴 것 외에는 아는 게 별로 없다. 따라서 필자의 지적 호기심에서 출발한 책 내기는 여기가 끝이다!

일론 머스크는 지구 저궤도에 약 4만 2천 개의 소형 통신위성으로 구성된 상호 연결망으로 무선인터넷을 구축하려는 야심 찬 계획을 세워 나아가고 있다. 머지않아 전 세계인이 초당 최고 1GB의 초고속 인터넷을 사용하게 될 것이다.

이 기사의 제목을 보라!

"한국보다 40배 빠른 인터넷… 머스크의 스타링크, 월 10만 원대에 시범 출시"(황민규, 〈조선비즈〉, 2020.10.28.)

구글은 포기한 일론 머스크의 이 일은 곧 성공할 듯싶다. 그러면 남극 북극 히말라야 에베레스트산 꼭대기까지 전 세계 어느 곳이나 초초고속 인터넷 세상이 열리고 그야말로 지구는 실시간으로 비로소 하나가 된다. 2022년부터 정식 서비스 예정이라고 한다. 스타링크는 테슬라와도 연관성이 있다.

이렇게 세상은 급격하게 변해 가고 있다.
후손들을 1등 국가 국민으로 살게 하기 위해서, 살아남게 하기 위해서라도 전문가들은 30년 이상 경험한 세상의 디테일(Detail)을 남기고 가자!

2021.4.1. 판교 자택에서